SEMPRE UMA ESCOLHA

SEMPRE UMA ESCOLHA

*Minha jornada contra o medo,
o preconceito e a má política*

FELIPE RIGONI

© 2022 Felipe Rigoni

PREPARAÇÃO
Alvanisio Damasceno

REVISÃO
Eduardo Carneiro
Rayana Faria

DIAGRAMAÇÃO
Equatorium Design

DESIGN DE CAPA
Angelo Bottino

FOTO DO AUTOR
Levi Mori

CIP-BRASIL. CATALOGAÇÃO NA PUBLICAÇÃO
SINDICADO NACIONAL DOS EDITORES DE LIVROS, RJ

R428s

Rigoni, Felipe, 1991-
Sempre uma escolha : minha jornada contra o medo, o preconceito
e a má política / Felipe Rigoni. - 1. ed. - Rio de Janeiro : História Real, 2022
272 p. ; 21 cm.
ISBN 978-65-87518-29-9

1. Rigoni, Felipe, 1991-. 2. Políticos - Brasil - Biografia. 3. Pessoas com
deficiência visual - Biografia - Brasil. 4. Autorrealização. 5. Superação. I. Título.

22-76748
CDD: 923.2
CDU: 929-029:32(81)

Gabriela Faray Ferreira Lopes - Bibliotecária - CRB-7/6643

[2022]
Todos os direitos desta edição reservados a
História Real, um selo da Editora Intrínseca Ltda.
Rua Marquês de São Vicente, 99, 6º andar
22451-041 – Gávea
Rio de Janeiro – RJ
Tel./Fax: (21) 3206-7400
www.historiareal.intrinseca.com.br

Dedico este livro a todas as pessoas que um dia já duvidaram de sua própria capacidade. Espero que estas páginas sirvam de inspiração. Que transmitam a ideia de que, independentemente da situação que vivemos, sempre temos uma escolha. A escolha de nossa atitude diante de uma situação.

Dedico ainda este livro a todos que acreditam que política pode ser uma ferramenta de transformação da sociedade. Como disse Platão, se os bons não ocuparem a política, os maus o farão.

E, especialmente, dedico este livro a todos que acreditam que o Brasil pode ser, e um dia será, um exemplo de liberdade, integridade e prosperidade.

Agradecimentos

Por mais que este livro seja sobre minha história e minhas percepções sobre a política brasileira, ele não foi feito sozinho, e sim por várias mãos. Agradeço primeiro a meus pais, a meu irmão, André, e a meu primo Marcelo, que me permitiram sonhar e me apoiaram em todas as minhas aventuras e decisões, mesmo que algumas parecessem malucas à primeira vista.

Agradeço a Sibelle Pedral, que durante quase um ano me aguentou em inúmeras entrevistas feitas para que este livro fosse possível, e, especialmente, conseguiu costurar todas as histórias com muito carinho e amor. Sem ela este sonho não seria realizado.

Agradeço aos vários amigos que, ao longo de minha história, foram imprescindíveis para que eu pudesse seguir. Aos meus amigos de Linhares, da república Copo Sujo, do Movimento Empresa Júnior e a todos aqueles que fiz na política, obrigado por terem me guiado, conduzido, aconselhado em cada momento difícil. Mais do que isso, obrigado por fazer de mim a pessoa que sou.

Agradeço em especial a meu amigo Victor Casagrande, que além de um irmão se tornou um grande conselheiro. Victor, você com certeza foi responsável por muitos dos grandes momentos e feitos da minha vida. Obrigado por tudo!

Agradeço à minha equipe maravilhosa, que cumpre comigo essa grande tarefa de melhorar a política brasileira e o Brasil, em especial a Ingrid Lunardi. Muito mais que chefe de gabinete e "Deputada 514", ela se tornou minha irmã, meus olhos e meus ouvidos em muitos momentos importantes que vivemos juntos. Obrigado por tudo, de coração! Te amo!

Algumas pessoas a quem respeito e admiro leram as primeiras versões deste livro e me ajudaram a melhorá-lo com comentários críticos e pertinentes. Sou muito grato a elas pelo tempo e pela disponibilidade: Arilton Ribeiro, Cílio Rodrigues, Claudia Costin, Hélio Pepe, Henrique Romano, Ingrid Lunardi, João Gualberto, José Frederico, Pepe Toninho, Tabata Amaral e Victor Casagrande.

Ao editor, Roberto Feith, agradeço pelo estímulo e pela leitura atenta desde as primeiras versões.

Por fim, agradeço aos 84.405 capixabas que no dia 7 de outubro de 2018 decidiram votar em mim e me dar a enorme oportunidade e a responsabilidade de tornar nosso país e nosso estado lugares mais livres, íntegros e prósperos.

Sumário

Prefácio 11

Introdução 15

I. Não era sujeira na tela do computador 23

II. O televisor embaixo da cama................................31

III. "Você tem escolha" 41

IV. Um cego ruim em ser cego..................................45

V. Fora da bolha em Ouro Preto 53

VI. "Fiquei muito sozinho e foi ótimo" 63

VII. O quadrinho e o Congresso..................................71

VIII. Como faturar 180 mil reais em empresa júnior.......75

IX. A vida de *coach* 83

X. Nasce um político 89

XI. Eu seria o Demolidor? 97

XII. Um liberal por evidências 105

XIII. Desafios em dois continentes 117

XIV.	Uma campanha por dentro	125
XV.	Quanto custa renovar a política	131
XVI.	"Um deputado excelente"	137
XVII.	Um cego deputado, não um deputado cego	147
XVIII.	Um silêncio inusitado	153
XIX.	Precisamos falar sobre saneamento	161
XX.	Pressões e xingamentos	171
XXI.	A ruptura com o PSB	179
XXII.	"Está na hora de comprar respirador"	187
XXIII.	A corrida pelo Novo Fundeb	197
XXIV.	Lira ou Baleia: uma escolha mais sutil do que parecia	211
XXV.	O *hamster* na gaiola	219
XXVI.	O sindicato do cidadão brasileiro (#SQN)	229
XXVII.	Um orçamento zoado	237
XXVIII.	Do PET Scan ao caminhão de lixo: os eleitores decidem	245
XXIX.	O meu projeto para o Brasil	251
	Epílogo	269

Prefácio

Este livro é uma surpresa. Felipe Rigoni, jovem deputado federal, com apenas 30 anos, conta parte da sua vida, das suas superações e da sua experiência com a gestão pública. E há muito o que contar.

Felipe muito cedo sofreu de uma doença nos olhos que o obrigou a se submeter a diversos tratamentos, incluindo várias cirurgias. As sofridas intervenções não evitaram uma progressiva cegueira, que se tornou total no início da adolescência. Sem tergiversar, ele fala de seus medos, da sua ansiedade, dos efeitos colaterais dos tratamentos, incluindo longos anos tomando corticoides, o que agravou sua ansiedade e o excesso de peso.

E há a superação. Felipe conta, por exemplo, da sua decisão de ir estudar longe da proteção da família, em Ouro Preto, onde morou em uma república, dividindo as tarefas domésticas. Ele relata o aprendizado de um aluno cego em uma universidade que o acolheu com compreensão e afeto.

A parte biográfica do livro por vezes comove. Felipe conta como acabou por aceitar a cegueira e os desafios que resolveu enfrentar. Poucas semanas depois de se mudar para Ouro Preto, decidiu ir visitar de surpresa a família no interior do Espírito Santo. A sugestão que ouviu parece quase irresponsável: "Pegue um ônibus." E assim ele fez. Os amigos o embarcaram na rodoviária e depois de muitas horas de viagem ele chegou em Vitória, onde uma tia o esperava para levá-lo aos pais. Ele tinha 17 anos.

Durante a faculdade, resolveu fazer intercâmbio nos Estados Unidos, onde morou em uma casa de família e teve que se desdobrar para se locomover. Menino, ficava sentado em um banco, esperando passar alguém que o ajudasse. Felipe se envergonhava de precisar de ajuda.

Mais tarde, decidiu fazer mestrado em políticas públicas em Oxford, tendo que morar em um país estrangeiro sem o apoio de uma família. Mais surpreendente ainda foi a sua escolha de projeto de fim de curso: eleger-se deputado federal. Houve resistências naturais à proposta, mas ao fim a universidade aceitou. Felipe foi eleito e contou a história da sua campanha.

"Sou um cego deputado, não um deputado cego." Com essa frase de efeito, ele procura deixar claro que não escolheu a carreira política para defender políticas de apoio a um grupo específico, no seu caso o dos cegos, mas para trabalhar pelo bem comum.

Na segunda parte do livro, Felipe descreve sua experiência no Congresso e a agenda que norteou seu trabalho. Liberal, ele acredita que o papel do Legislativo é reformular regras e procedimentos para melhorar o funcionamento dos mercados na provisão de bens e serviços para a população. Um exemplo foi a reforma da Lei do Saneamento Básico.

Liberal, ao contrário da crença que ainda predomina em boa parte do Brasil, não significa ignorar os graves desafios sociais do país. Pelo contrário. Garantir maior igualdade de oportunidades, por meio da melhora da educação pública e de renda mínima para as famílias mais vulneráveis, é tema central dessa agenda, como ele enfatiza.

Felipe também descreve os momentos de frustração com a mesquinharia da política, como na atitude do seu então partido, PSB, no debate sobre a reforma da Previdência. Não havia interesse na discussão técnica. Não cabia analisar se havia um problema estrutural ou se a reforma beneficiaria o país. Havia apenas o objetivo de impor uma derrota ao governo, enfraquecê-lo. O resto seria irrelevante.

Felipe termina o livro com suas observações sobre os imensos desafios do Brasil, um país onde o poder público é capturado por interesses de grupos organizados das mais diversas origens, com pouca atenção ao interesse da maioria.

Conheci Felipe pouco depois das eleições. Sempre que procurado, busco ajudar com a análise técnica dos problemas, descrevendo as soluções adotadas em outros países e sistematizando os resultados obtidos nas pesquisas com microdados sobre os temas discutidos.

Felipe impressionou-me desde o primeiro encontro pela atenção aos detalhes e pela curiosidade e capacidade de mergulhar em temas técnicos. Nunca, em nossas conversas, o tema era benefícios para grupos específicos. O que interessava a ele era sempre a melhora para o cidadão comum, anônimo. Muito diferente da agenda dominante em Brasília, ainda mais atualmente.

Depois de tantas décadas de baixo crescimento econômico, não se pode negar que as gerações mais velhas, a minha inclusive, fracassaram com o país. São frequentes os discursos de combate à desigualdade e de promoção do desenvolvimento que terminam por se revelar uma defesa do velho patrimonialismo.

Estou há muitos anos no debate público. Com o tempo, passei a aceitar que não queremos superar nossos entraves. Essa pode até ser a intenção de alguns grupos, mas, quando contrastados com as medidas efetivas, quando descobrem que também fazem parte da elite, que são beneficiados por favores oficiais em detrimento da maioria, recuam e passam a criar obstáculos a qualquer avanço. Pior, quando podem, tentam extrair novos subsídios, aumentos salariais ou medidas de proteção para empresas ineficientes.

Felipe resgata a esperança de que a nova geração possa ser diferente.

MARCOS LISBOA

Introdução

Na madrugada de 6 para 7 de outubro de 2018, eu me sentia exausto, mas não conseguia dormir. Estava tomado por um grau de agitação que tornava impossível qualquer descanso. Dia 6 tinha sido sábado, e às dez da noite eu havia encerrado minha campanha a deputado federal por meu estado, o Espírito Santo. No domingo, que ainda não tinha raiado, as urnas definiriam o meu destino. Eu estava em Linhares, cidade onde havia nascido e me criado. Deitado na cama, revisitava as decisões que tinham me levado até ali. A ousadia de concorrer ao Congresso Nacional sem ter passado por qualquer cargo eletivo antes. O mestrado em Oxford, que havia consolidado muitas das crenças sobre gestão pública que eu pretendia levar para a política. Os debates, os compromissos de campanha, os apoiadores e os detratores. As tensões e os riscos no comitê de campanha.

O medo, aquele mesmo que me acompanhava desde os 15 anos, quando fiquei definitivamente cego. Se eu me elegesse, como seria a rotina de um deputado cego, o primeiro, o único até ali? Eu tinha feito tudo o que podia. A bola não estava mais comigo. Sentia uma mistura de angústia, impotência e expectativa.

Muito cedo já estava na cozinha. Minha mãe havia acordado primeiro e feito café. Provavelmente tivera uma noite tão difícil quanto a minha. Logo meu pai e meu irmão se juntaram a nós. Mais um pouco e chegaram meu primo Marcelo, unha e carne comigo, e tia Carmen, minha madrinha. Não falávamos muito – não havia muito o que dizer –, mas era um silêncio preenchido de afeto e esperança.

Fomos votar na primeira hora, todos juntos, no Colégio Ouse, uma escola pertinho do apartamento da nossa família. Além do meu número, digitei na urna o 12 para presidente, dando meu voto a Ciro Gomes, candidato do PDT. Ciro era a minha esperança de um segundo turno sem a temida polarização entre Fernando Haddad, o candidato do PT, e Jair Bolsonaro, na época no pequeno PSL, uma legenda até então inexpressiva. Rezando pela minha cartilha liberal, eu teria preferido Henrique Meirelles, o ex-presidente do Banco Central que tanto fizera pela liberdade econômica, ou até João Amoêdo, do Novo, mas dei um raro voto útil. No segundo turno, entre Bolsonaro e Haddad, votei em branco, algo inimaginável exceto naquela circunstância. Eu não escolheria o PT, que havia sido responsável pelos maiores escândalos de corrupção na história do país, e tampouco Bolsonaro, sobre quem, já na época, guardava sérias reservas em relação à capacidade de gestor e discordâncias sobre seus posicionamentos ultraconservadores.

A lei eleitoral proíbe os candidatos de fazer campanha no dia da votação. Meus amigos e muitos apoiadores tiveram a ideia de varrer as ruas em frente aos locais de votação – com um *button* com meu nome pregado na camisa, o que é permitido. Houve grupos de varredores em Vitória, Vila Velha, Serra, Cariacica, Cachoeiro do Itapemirim. As cidades ficaram mais limpas e, graças a essa ação, talvez algum eleitor, na última hora, tenha se lembrado do candidato que estudou para ser um bom político. (Uma vez, fazendo campanha em Cachoeiro, um homem que vigiava carros na rua gritou: "Você é o cara que estudou em Harvard!" Bem, não era Harvard, e sim Oxford, mas ficou evidente que o que fiz tinha valor.)

De volta do local de votação, decidi que passaria o dia quieto, em família, tentando manter a ansiedade sob algum controle. Combinamos que às quatro da tarde toda a equipe de campanha, inclusive o pessoal de Vitória, se reuniria em uma casa que pertence à minha família e estava desocupada. Compramos chope – ainda não sabíamos se para comemorar ou chorar as mágoas – e esperamos dar cinco horas para acompanhar a contagem dos votos.

Mais e mais gente foi chegando – no fim, havia umas cem pessoas no local. Iniciada a apuração, logo de cara apareceram cento e poucos votos. Eu disse a mim mesmo: "Calma, está só começando." Mil votos. Saí da casa e fui para o quintal. Sentado no chão, sozinho, fiquei ouvindo a gritaria que vinha lá de dentro. Dez mil votos. Vinte mil votos. Chegou gente do partido pelo qual eu havia me candidatado, o PSB, dizendo que eu talvez tivesse uma boa votação, quem sabe até ficasse em segundo lugar, atrás de Paulo Foletto – deputado federal do PSB que concorria à reeleição. Quando bati 28 mil votos, Ingrid Lunardi, amiga de longa data e competência indiscutível que tinha coordenado minha campanha, deu um grito:

– Passamos o Foletto!

Não era uma competição, claro, mesmo porque Foletto até ali tinha sido um bom deputado. O importante era que eu tinha passado o Foletto – eu, um candidato jovem e desconhecido, sem nenhuma vitória eleitoral anterior.

Quarenta mil votos. Ingrid desmontando de nervosa, meu pai imóvel, catatônico de tensão. Dentro da casa, diante do computador, outro amigo fiel e apoiador de primeira hora, Victor Casagrande, acompanhava os números em tempo real e fazia contas.

Cinquenta mil votos. Eu me levantei e comecei a rodar, rindo. Pouco a pouco, eu ia ultrapassando a votação de vários medalhões da política local.

– Ainda não está eleito, Rigoni. Não dá para comemorar por enquanto.

Victor tinha saído de seu posto para me pedir calma.

Setenta mil votos. Eu, naturalmente, não via a expressão de Ingrid nem a de Victor, mas podia sentir que ele estava emocionado quando se aproximou de mim.

– Estamos eleitos – falou assim mesmo, na primeira

pessoa do plural, consciente de quanto aquela vitória era de todos nós.

Quando ele disse isso, ouvi um baque: Ingrid tinha desmaiado de puro cansaço, tensão acumulada e, naquele momento, felicidade.

Não dá para descrever o que foi aquele instante. Lembro-me de um grande abraço coletivo, de choro e risos, de alguém perguntando: "O que vocês vão fazer agora?" De alguma maneira, aquela pergunta me despertou. Perguntei por meu pai. O que eu mais queria era abraçá-lo. Aquela campanha fora nossa. Trocamos o abraço mais longo, mais cúmplice, mais afetivo de toda a nossa história.

Queriam que eu improvisasse um discurso, o que eu só faria depois que o último voto tivesse sido contado. Quando chegamos a 84.405 e soubemos que não entraria mais nenhum, disse algumas palavras das quais não tenho a menor lembrança, de tão eufórico e emocionado. Certamente agradeci e reiterei meu desejo de ser um bom deputado. O melhor que pudesse ser.

Eu tinha construído minha candidatura sobre quatro grandes eixos. Trabalharia por um governo eficiente e inovador, que entregasse políticas públicas bem desenhadas para pessoas que precisassem delas, no momento em que precisassem. Defenderia uma economia cada vez mais competitiva num regime de livre mercado, única saída que vejo para aumentar a riqueza, gerar empregos e fazer o Brasil crescer. Lutaria por uma educação de qualidade: todas as minhas conquistas na vida são indissociáveis da educação que recebi, e sempre acreditei que todos devessem ter as mesmas oportunidades. Por fim, atuaria para proteger os vulneráveis, por acreditar que, mesmo numa economia regida pelo liberalismo, a desigualdade brasileira é de tal magnitude que não se pode simplesmente apagar essa necessidade de qualquer projeto político.

Oitenta e quatro mil, quatrocentos e cinco eleitores tinham validado esses pilares de atuação. Eu estava pronto para defender cada uma das minhas ideias em Brasília, energizado, um pouco assustado, mas confiante. Tinha chegado até ali apesar de todas as limitações da cegueira, da inexperiência e da juventude – estava com 27 anos e tinha toda a vontade do mundo de fazer diferença. Sabia do cansaço dos brasileiros em relação à política e queria mostrar que era possível fazer de outro jeito.

Àquela altura era impossível prever, mas no Congresso eu teria de lidar com as consequências de uma pandemia que, enquanto escrevo este livro, já havia tirado a vida de mais de 600 mil brasileiros e destroçado a economia. Enfrentaria um presidente mentiroso que, em vez de trabalhar pelo país, se ocupava em proteger os filhos investigados por corrupção e diariamente fabricava tensões e brandia ameaças às nossas instituições democráticas.

Em nome das causas que defendia, eu negociaria com políticos que representavam o suprassumo do fisiologismo. Combateria orçamentos secretos, votações cujo resultado poderia comprometer o bem-estar das próximas gerações e levantaria bandeiras nem sempre compreendidas, mas, como explicarei nas próximas páginas, vitais para o nosso êxito como nação – como a reforma da Previdência e o

Marco do Saneamento Básico. Em pouco mais de três anos de mandato, tive um curso completo das mazelas da vida política brasileira lutando para não perder de vista um único dos meus ideais, e espero ter conseguido. Meus eleitores me julgarão nas urnas em eleições futuras. Isso é o mais lindo da democracia.

Este livro é um relato das lutas que travei desde menino – contra a cegueira, contra o medo, contra o preconceito, contra a má política. É também um manifesto de todas as minhas esperanças para o nosso país e para o nosso povo. Acredito que venceremos apesar de tudo e tenho projetos e instrumentos para contribuir. Seja bem-vindo, bem-vinda, à minha história.

I. Não era sujeira na tela do computador

Com 69 lagoas, uma enorme área preservada de Mata Atlântica e quase 80 quilômetros de praias, Linhares é uma das principais cidades do interior do Espírito Santo. Nasci no dia 13 de junho de 1991, no hospital Rio Doce, filho de Ricardo Lopes e de Jane Rigoni. Meu pai é proprietário de uma loja de material elétrico chamada Ponto de Luz, que funciona na cidade há mais de trinta anos. Um homem com alma de comerciante, dono de uma capacidade extraordinária de conhecer pessoas, conversar e se conectar com todos. Nunca encontrei alguém que conhecesse mais gente do que ele. Tem um coração do tamanho do mundo, sempre ajudando quem precisa.

Minha mãe é florista. Além de sua floricultura, que se chama Vila Verde, tem um viveiro de plantas ornamentais em nosso sítio, que funciona como uma espécie de santuário para ela. Muito mais do que das plantas, minha mãe tem um jeito para cuidar de pessoas. Sua capacidade de se doar por quem ama, mesmo que ela própria esteja em situação difícil, me impressiona todo dia.

Exceto por uns poucos episódios na escolinha e por um prazer infantil em espalhar as peças do WAR, o jogo preferido da minha mãe, não tenho muitas lembranças dos meus primeiros anos. Minhas principais memórias começam com o episódio que moldou minha vida: a história de como fiquei cego.

Quando eu tinha 6 anos, meus pais começaram a perceber que eu sempre me aproximava do que queria ver melhor. Várias vezes fui flagrado no quarto deles, onde havia o maior televisor da casa, assistindo a desenhos. Bem de perto. Com o tempo, passei a reclamar porque não conseguia enxergar de longe. Meus olhos doíam. Lembro-me muito bem do episódio que mostrou que tinha algo de errado com minha visão. Estava assistindo ao *Jornal Nacional* com meus pais e, embora soubesse que os apresentadores eram William Bonner e Fátima Bernardes, minha vista estava tão embaçada que eu não distinguia um do outro.

Houve vários médicos e exames intermináveis até o diagnóstico correto: eu tinha uma doença chamada uveíte intermediária bilateral, basicamente uma infecção no fundo dos dois olhos que dificultava a captação da luz e, por consequência, reduzia minha capacidade visual. Logo descobrimos que Belo Horizonte era (ainda é) o principal centro de especialidade oftalmológica do país. Mesmo lá, ninguém, nem mesmo os mais conceituados profissionais, conseguia explicar a origem daquela uveíte. Meio desalentados, entendemos que não existia cura, apenas um tratamento à base de corticoides que, no meu caso, não teve muito sucesso. Teve, isso sim, um efeito colateral muito complicado: em algumas pessoas, o uso continuado de corticoides aumenta drasticamente os níveis de ansiedade. Comigo foi tão intenso que até hoje, tantos anos depois de ter ficado cego, ainda tenho de lidar com uma ansiedade enorme. Na época, com apenas 10 anos, comecei a descontar a ansiedade na comida e engordei muito, chegando quase aos 70 quilos.

Enquanto isso, a uveíte não dava trégua. Evoluiu tanto que, a certa altura, eu não só tomava o corticoide em comprimidos, como também tinha de fazer procedimentos cirúrgicos para aplicação direta do medicamento dentro dos olhos. Fui mais de uma dezena de vezes à sala cirúrgica para me submeter a isso, sem melhoras. Além disso, não sabemos se por causa da uveíte ou do tratamento, várias complicações começaram a aparecer. Uma delas foi a catarata.

A catarata surge quando o cristalino, uma lente natural que temos dentro dos olhos, por alguma razão acumula uma espécie de sujeira. Passei a enxergar tudo embaçado, como se estivesse em um carro com vidros fechados e sem ar-condicionado num dia de chuva. A diferença é que o problema está dentro do olho, e o que resolve não é um pano limpo, e sim uma cirurgia.

Quando os médicos identificaram a catarata no meu olho esquerdo, eu ainda fazia o tratamento no Instituto de Olhos de Belo Horizonte (IOBH). Apesar de estar em um centro de referência, por alguma razão de que não me recordo decidimos não fazer a cirurgia de correção da catarata lá. Procuramos outro médico, que nos foi indicado como um dos melhores especialistas no assunto. A coisa já começou meio errada. Nunca gostamos de verdade desse novo médico. Sempre o achamos soberbo demais, falando mais de um jatinho que tinha comprado do que do meu tratamento. Como, supostamente, era o melhor no assunto, continuamos com ele.

Na cirurgia de correção da catarata, o cristalino é retirado e substituído por uma lente artificial que funciona perfeitamente. Mas na minha cirurgia algo deu errado e o olho rejeitou a lente. Já acordei sem enxergar da vista operada.

Ficamos arrasados. Era para ser uma cirurgia simples, e eu tinha ficado cego de um olho. O médico não conseguia explicar o que tinha acontecido. Nas semanas e nos meses seguintes, outros profissionais que consultamos falaram em erro humano irreversível. Era como se o olho esquerdo tivesse sido "desligado". Eu nunca mais enxergaria com ele.

Duramente, meus pais e eu aprendemos que em time bom não se mexe muito e retomamos o tratamento no IOBH, onde, ao menos por um tempo, a situação estivera sob controle. Como a uveíte continuava firme e forte, voltei aos procedimentos de injeção direta de corticoide. Logo, porém, descobrimos que meu olho direito também estava com catarata. Traumatizados pela experiência anterior, ficamos por ali mesmo, e fiz a cirurgia de correção com um dos médicos do instituto. Deu tudo certo: o olho aceitou bem a nova lente e entrei em uma fase, mesmo que breve, de visão mais estável. Só enxergava de um olho, e mesmo assim não 100%, mas conseguia fazer todas as tarefas do dia a dia normalmente.

Acontece que a lente artificial colocada no lugar do cristalino também acumula sujeira, com mais rapidez do que ocorre com o cristalino natural. Para corrigir isso não é preciso fazer nova cirurgia – basta um procedimento chamado Yag Laser. O médico aplica no olho "tiros" de laser que, ao atingirem a lente, dissolvem a sujeira acumulada. Entre meus 9 e 10 anos de idade, me submeti a esse tratamento periodicamente.

Eu me lembro como se fosse hoje da nossa última viagem a Belo Horizonte para fazer o Yag Laser, minha mãe, minha tia Odete, irmã de minha mãe, e eu. Esperei um tempão até chamarem meu nome. Como tinha muito tempo que não fazia, quando o procedimento terminou senti um impacto visual muito grande. Na saída do instituto, recordo de ficar maravilhado, pois eu conseguia ver inclusive as falhas do asfalto nas ruas da cidade. Senti uma imensa alegria! Havia tempos que eu não enxergava tão bem como naquela noite.

No dia seguinte, chegamos a Linhares ao anoitecer, eu ainda radiante, observando cada detalhe de tudo como se fosse a primeira vez. Minha casa estava em reforma, então dormimos na casa de minha avó materna, que ficava ao lado da floricultura da minha mãe. Quando acordei, no outro dia, minha mãe já tinha ido para o trabalho. Fui para a cozinha tomar o café da manhã e havia um jogo de resta 1 sobre a mesa. Comecei a jogar, mais uma vez maravilhado com o quanto minha visão estava boa. A base metálica, as bolinhas azul-escuras e também um pouco metálicas, e eu conseguia ver isso tudo. Guardo até hoje a imagem de quando terminei o jogo: a última bolinha azul-escura posicionada no centro, refletindo a luz do teto da cozinha.

Terminado esse jogo, fui para a floricultura. Como só tinha aulas à tarde, me sentei na frente do computador e me envolvi numa partida de paciência *spider*, que eu adorava. Fiquei ali um tempão, ainda desfrutando daquela melhora na vista. Estava prestes a colocar um valete de espadas abaixo de um rei no canto direito do computador quando percebi que esse lado da tela estava turvo. Olhei para o lado esquerdo... Tudo normal. Pensei comigo: "Será que o computador está sujo?"

Peguei um pano que estava sobre a mesa ao lado e esfreguei o canto sujo. Nada aconteceu. Ao mesmo tempo, percebi que aquela parte turva parecia maior a cada instante. Já estava com muito medo, então me levantei e comecei a andar em direção à casa de minha avó, para onde minha mãe tinha voltado. Nessa altura, a turbidez já tinha tomado todo meu campo de visão. Eu só via um borrão de luz e formas completamente indefinidas.

Daí em diante não só minha visão, mas também minha memória, virou um borrão.

Eu me lembro vagamente de chamar minha mãe, de braços me guiando, da cama de minha casa e de me dizerem que o médico que me atendia em Linhares só chegaria no fim do dia. E me lembro do medo, muito medo.

Começava ali um período muito duro de seis anos em que eu oscilei entre a iminência de perder um pouco mais da visão e a esperança de voltar a enxergar bem. A pior coisa foi eu não ter cortado as cordas da esperança. Deveria ter feito isso mais cedo. Uma vez, um professor me disse algo que me marcou muito: a realidade está sempre certa. Por mais dura que seja. Cabe a nós aceitar, entender e superar a dor que ela possa trazer.

Ainda hoje, de vez em quando me pego sonhando com algum tratamento, alguma mágica que me devolva a visão. A diferença é que aprendi a cortar esses pensamentos pela raiz assim que aparecem. Comecei a me dar muito bem na minha vida pessoal, emocional e profissional quando aceitei a cegueira. "É assim, então beleza", digo a mim mesmo. Entendi que, sem acolher o que tem para hoje, eu jamais conseguiria mudar. A realidade é dura, mas talvez eu possa escolher algo positivo diante dela.

II. O televisor embaixo da cama

Quando o médico finalmente pôde nos atender, eu já estava mais calmo. Achava que tinha sido algum ataque de nervosismo, que logo tudo voltaria ao normal. Contudo, mal instalou um daqueles aparelhos oftalmológicos diante dos meus olhos, o doutor disse algo que deixou minha mãe em desespero no mesmo instante: eu tivera um descolamento de retina.

Explicando de um jeito simplificado, descolamento de retina é quando o fundo do olho "se solta" e a retina deixa de captar grande parte da luz que deveria ser transmitida ao cérebro. Isso dificulta enormemente a visão. Era uma das piores coisas que poderiam acontecer comigo devido à uveíte, mas a rapidez dos acontecimentos nos assustou ainda mais. Como tinha sido um descolamento muito severo, pouquíssimos médicos do país tinham experiência para lidar com o quadro. Segundo o médico que me atendia em Linhares, havia apenas quatro especialistas brasileiros em retina que poderiam realmente resolver o problema. Fomos investigar, e três deles estavam no exterior.

Para nossa sorte, o dr. Laurentino Biccas Neto, único que estava no Brasil naquele momento, atendia em Vitória, a duas horas de Linhares. Ligamos, explicamos a gravidade da situação e conseguimos um encaixe na agenda dele para o dia seguinte. A situação era muito séria, então ele me examinou e marcou a cirurgia logo para o dia seguinte.

A intervenção foi complicadíssima e durou cerca de sete horas. Apesar disso, deu tudo certo: ele conseguiu fixar a retina novamente e ela se estabilizou ali. Para garantir que essa membrana delicada se mantenha no lugar original, porém, injeta-se no olho um gás que fica pressionando a retina por 45 dias, até que cicatrize corretamente. A recuperação exige da pessoa pouquíssima mobilidade e que fique deitada de bruços. Ou seja, aos 10 anos de idade eu teria de ficar 45 dias sem me mexer muito e olhando para baixo!

O esforço da minha família para tornar esse período o mais suave possível foi comovente. Pouco depois da cirurgia, queríamos dar um jeito para que, mesmo deitado de bruços, eu conseguisse fazer algumas coisas, como ver televisão. Daí veio a ideia de uma cama suspensa que tivesse um recorte onde eu pudesse posicionar a cabeça. Rapidamente, o marido de uma prima minha, dono de uma fábrica de móveis, chegou com a cama pronta. Era tão boa, permitindo que eu apoiasse a cabeça e olhasse para baixo ao mesmo tempo, que passei inclusive a dormir nela. Colocamos um televisor embaixo da cama, conectamos meu videogame e então a recuperação ficou bem mais agradável. Difícil mesmo ficou para os meus primos, que passaram aquele período de férias inteiro jogando comigo em condições, digamos, desfavoráveis: tinham de olhar para um televisor com a tela virada para cima e ainda driblar o obstáculo da cama. Nunca os venci tanto quanto naquele janeiro em que eu estava me recuperando.

Mais uma vez deu tudo certo, e entrei em um novo período de visão estável. Eu enxergava muito menos do que antes do descolamento da retina, mas ainda conseguia realizar a maior parte das atividades cotidianas. Claro que tivemos de fazer adaptações. Na escola, por exemplo, precisei de uma luminária na minha mesa, pois a luz da sala não era suficiente para que eu visse com nitidez meus livros e cadernos. Se o professor escrevia algo no quadro, eu precisava que algum colega se sentasse do meu lado para ditar a matéria, pois não enxergava de tão longe. Mesmo sendo um ambiente conhecido, também necessitava de alguma ajuda dos amigos para me deslocar normalmente dentro da escola.

Eu sempre ia ao consultório do dr. Biccas para passar por revisões de rotina. Em junho de 2002, em uma dessas consultas, ele percebeu algo de errado com minha retina: tinham surgido membranas na área da cirurgia. Segundo ele, se deixássemos a retina como estava, essas membranas poderiam crescer e provocar um novo descolamento, talvez ainda mais severo. Solução? Eu tinha de passar por uma cirurgia que descolasse a retina e a colasse de novo!

Como essa nova intervenção era muito mais complicada do que as anteriores, meu médico achou melhor passar o caso a alguém com mais experiência no assunto. Dessa vez, porém, o grande especialista não vivia no Brasil. Era um médico norte-americano que atendia no mais conceituado hospital oftalmológico do mundo, situado em Cleveland, no estado de Ohio (EUA).

Meus pais nunca mediram esforços para buscar o melhor para mim, especialmente nessa época. Fazer uma cirurgia nos Estados Unidos custava muito mais do que poderíamos pagar, mas eles tomaram um empréstimo e fomos. Pedimos ao dr. Biccas que nos acompanhasse, para nos sentirmos um pouco mais seguros. Ele prontamente aceitou.

Minha mãe só tinha estudado inglês no ensino médio. Em duas semanas ela se desdobrou e aprendeu o suficiente da língua para nos virarmos nos Estados Unidos durante o período da cirurgia. Talvez esse seja o maior exemplo do esforço que meus pais fizeram para que tudo desse certo com a minha visão.

Desembarcamos em Cleveland em julho de 2002 e ficamos lá por cerca de uma semana. Apesar de prestes a fazer uma cirurgia supercomplicada, eu ainda enxergava um pouco e era minha primeira vez fora do Brasil. Eu estava achando ótimo!

Como tudo havia sido acertado antes, a primeira consulta com o cirurgião foi curta e combinamos o procedimento para dali a dois dias. Eu e minha mãe aproveitamos para conhecer um pouco o local. Começamos explorando o hospital por inteiro – mais parecia um gigantesco complexo de lojas e prédios. Depois descobrimos que tinha um zoológico na cidade, onde havia inclusive um urso-polar! Aos 11 anos de idade, com a chance de ver um urso-polar... Lógico que torrei a paciência da minha mãe até irmos ao zoológico. Desse passeio resultou uma das imagens que tenho com muita clareza na minha cabeça até hoje: vários degraus de pedra, altíssimos, e o urso a uns 15 metros de nós, deitado na parte mais baixa, numa tranquilidade perfeita.

A cirurgia durou várias horas. No dia seguinte, como de praxe após qualquer procedimento cirúrgico, fomos fazer a revisão com o médico para saber como o olho tinha se comportado nas primeiras 24 horas. Quando ele tirou o tampão que servia de curativo e abriu meu olho para examinar, percebi que não estava nada bom. Havia um enorme borrão muito vermelho no meio do meu campo visual, resultado de uma pequena hemorragia. A cirurgia precisaria ser refeita.

Entramos em desespero. Tínhamos ido ao melhor cirurgião de retina do mundo e o procedimento simplesmente dera errado. Comecei a pedir que voltássemos para o Brasil e o dr. Biccas refizesse a cirurgia. Ele argumentou que o próprio médico deveria refazê-la, já que ele conhecia com detalhes tudo o que tinha sido feito no meu olho naquela intervenção.

Ficamos por lá mesmo e me submeti à nova operação no dia seguinte. Custou mais alguns milhares de dólares e um novo empréstimo para minha família. Pelo menos dessa vez não tive problemas com hemorragia.

No entanto, de volta ao Brasil, a piora na minha visão era evidente. Devido às complicações que tivemos, eu estava enxergando bem menos. Além disso, poucas semanas depois do retorno, em uma das revisões o dr. Biccas percebeu que gradualmente a retina estava voltando a descolar, ou seja, o médico lá dos Estados Unidos tinha feito algo errado.

Novamente, eu teria de passar por uma cirurgia em que minha retina seria descolada e colada de novo. Como seria a terceira, o cuidado tinha de ser redobrado. Decidimos fazer com o próprio dr. Biccas, já que com ele sempre tinha dado certo.

Essa nova operação só foi possível porque, pouco tempo antes, meu médico tinha adquirido um equipamento que permitia refazer todo o procedimento imediatamente, durante a própria cirurgia, caso algo não saísse como previsto. Voltei ao centro cirúrgico no fim de outubro daquele ano para uma intervenção de mais de dez horas. O dr. Biccas teve de repetir o procedimento três vezes, pois a retina continuava sangrando e se descolando quando ele tentava grudá-la. No final, para ter certeza de que continuaria colada, ele fez algo que pode ser grosseiramente comparado a uma solda: as células da parte periférica da retina foram meio que "fundidas" com as células do fundo do olho. A parte periférica da retina, responsável pela noção de amplitude, ficou disfuncional. O lado bom é que minha retina nunca mais se descolou.

A recuperação dessa cirurgia foi tranquila. Minha visão ficou um pouco pior do que no início daquele ano, porém muito melhor do que após a cirurgia feita nos Estados Unidos. Mais uma vez, entrei em um período de estabilidade relativamente longo: durou quase três anos.

Apesar de estável, minha visão já vinha um tanto debilitada, o que nos obrigou a buscar várias maneiras de adaptar meu dia a dia, sobretudo nos estudos. Ganhei uma luminária mais potente para enxergar o texto dos livros escolares. Comecei a usar, no lugar de lápis e caneta comuns, aquelas canetas hidrocor de quadro branco; só assim conseguia ver o que eu estava escrevendo. Meus cadernos também eram diferentes, com linhas mais grossas, bem marcadas, e cada linha equivalia a duas de um caderno comum, já que eu também precisava escrever em letras maiores.

Para ler os livros, fomos atrás de lupas especiais. Achamos uma, caríssima, que ampliava as letras quatro vezes em relação ao tamanho normal, e comecei a usá-la. Mesmo assim, ainda era difícil ler alguns, e decidimos procurar as próprias editoras, solicitando exemplares dos livros em letras maiores. Foram extremamente insensíveis e resistentes a dar qualquer tipo de ajuda; uma chegou a cobrar 12 mil reais por um livro em formato acessível! Eu estava na quinta série, hoje sexto ano, e haveria pelo menos mais oito livros durante o ano. Tivemos de nos virar sem isso.

Antes da aprovação da Lei Brasileira de Inclusão (LBI), o cenário era extremamente mais complicado para pessoas com deficiência. Hoje ainda há muita dificuldade, mas pelo menos temos o amparo legal para que atitudes assim tenham, no mínimo, uma resposta judicial. Não podemos esquecer que as pessoas com deficiência, segundo o censo de 2010, correspondem a 23,9% da população. Dificultar a acessibilidade para um quarto dos brasileiros não só significa privar a pessoa de sua dignidade e de acesso a seus direitos mais básicos, como também é algo completamente improdutivo para a sociedade. Quando a pessoa com deficiência não tem acesso à educação, não consegue circular corretamente nem se comunicar de maneira adequada, consome menos, produz menos e interage menos. Todos perdem com isso.

Sou privilegiado por ter nascido em uma família de classe média alta que nunca passou por dificuldades financeiras, com pais maravilhosos que sempre entenderam a importância da educação para o meu futuro. Então, mesmo com as dificuldades advindas do fato de ser cego, sempre tive os recursos e o apoio necessários para me adaptar a cada nova situação. A grande questão é que a brutal maioria das famílias brasileiras sofre com problemas financeiros e não está estruturada para dar o apoio necessário aos filhos. Sem um Estado que ofereça igualdade de oportunidades, especialmente educacionais, não teremos uma sociedade próspera e livre.

Naquela época, mesmo com as dificuldades de acessibilidade, conseguimos adaptar meus estudos. Logo me tornei um dos melhores alunos da turma. O fato de não encontrar tudo pronto fez com que eu desenvolvesse algumas habilidades extras para conseguir me virar na sala de aula. As duas principais foram a memória e o raciocínio lógico. Como nem tudo estava visualmente acessível para eu ler, aprendi a armazenar informações mesmo que só me fossem ditas uma única vez. Sem perceber, comecei a lembrar de uma quantidade muito grande de coisas que aconteciam na minha vida. Datas de eventos de muito tempo atrás, frases exatas que cada professor dizia nas aulas, fórmulas matemáticas. Logo não precisava anotar quase nada: já estava tudo "guardado".

Além disso, eu não tinha muito o que fazer depois da aula exceto ouvir rádio em casa. Então, meu principal hobby se tornou fazer contas de cabeça. Eu passava tardes inteiras fazendo cálculos mentais. Contas que o professor tinha passado na aula, outras que eu inventava, qualquer situação que originasse um cálculo matemático eu fazia mentalmente para passar o tempo. Lembro-me do dia em que propus a mim mesmo o seguinte desafio: se um dia meu pai me desse 1 centavo, e a cada dia a partir de então fosse dobrando o que tinha dado na véspera, quanto dinheiro eu teria em "x" tempo? Descobri que lá pelo dia 20 ele já não conseguiria me pagar!

Até hoje sou reconhecido por minha memória e capacidade de fazer contas e lidar com números. Essas habilidades me ajudam muito e me dão uma vantagem competitiva em debates, pois sempre me lembro de tudo com muita facilidade e desmonto rapidamente argumentos baseados em números equivocados. Com certeza aquele período na escola foi crucial para eu desenvolver esse traço.

Tudo parecia estabilizado novamente, mas aquela paz não duraria.

Logo, logo comecei a reclamar que minha visão estava embaçada outra vez. Mesmo usando a lupa, eu precisava forçar cada vez mais a vista para ler. Também percebi que as canetas pareciam falhar de vez em quando. Voltamos ao dr. Biccas e descobrimos que eu agora tinha uma nova doença ocular: ceratopatia em faixa. Uma camada de cálcio estava se depositando entre o olho e o epitélio, que é uma camada fina de proteção ocular contra o ambiente externo. A solução era fazer uma raspagem dessa camada protetora para retirar a calcificação. Eu me submeti ao procedimento e, apesar de a recuperação ser horrível, já que o olho arde muito devido à falta do epitélio, a visão deixou de embaçar. Meu médico, no entanto, desconfiou que a ceratopatia poderia voltar em pouco tempo, já que se tratava de uma reação às cirurgias anteriores. Dito e feito: alguns meses depois o problema ressurgiu e passei por um procedimento a laser em São Paulo, que diziam ser um pouco melhor. Resolveu a mesma coisa, ou seja, nada. Rapidinho ela voltou, e a ardência desse segundo procedimento foi muito pior.

Mas não era só isso.

O dr. Biccas percebeu algo de errado com meu nervo óptico. Havia cada vez menos atividade nele, e as veias que irrigavam o nervo estavam se afunilando. Em resumo, o único olho que me restava estava entrando em colapso!

"Qual foi a última coisa que você viu?" Isso já me foi perguntado muitas vezes.

Eu gostaria de lembrar, mas não lembro.

III. "Você tem escolha"

Ficar cego foi terrível, porém, por mais estranho que pareça, houve um momento na vida em que sofri mais por ser gordo do que por ser cego. O efeito dos corticoides desde cedo e a ansiedade por tudo que eu vivia foram agravando a minha obesidade. Aos 15 anos, pesava 140 quilos. A cegueira impunha limitações que eu ia superando. É lógico que, na escola, as pessoas comentavam, mas o preconceito era mais discreto e as falas, implícitas. Em relação ao peso, ninguém se preocupava em esconder as críticas e as piadinhas: eu era, e sabia disso mesmo sem enxergar, "o gordinho ali".

Tem um caso emblemático que aconteceu quando eu tinha uns 12 ou 13 anos. Meus pais, meu irmão caçula, André, e eu passávamos férias na praia de Guriri, no município de São Mateus, litoral norte do Espírito Santo. André e eu estávamos sentados na beirinha d'água brincando com conchas quando um cara se aproximou e pediu que eu me levantasse. Algo na voz dele me fez obedecer. Ele então apontou para mim e começou a gritar para as pessoas que o acompanhavam:

– Olha o tanto que esse menino é gordo!

Entrei em choque, meio paralisado, e então comecei a fingir que tinha um problema mental. André, que tinha metade da minha idade, ficou possesso. Correu até nossos pais e relatou o episódio, mas quando meu pai se aproximou o grupo já tinha se afastado.

Até hoje brigo com meu peso. Entendo melhor os processos e estou tratando de várias maneiras. Emocionalmente lido melhor com essa questão. Na época, porém, foi muito sofrido. Era a gordura, e não a cegueira, que mais afastava as pessoas do meu convívio.

Em 2006, com 14 para 15 anos, comecei uma etapa nova e muito importante na minha vida: o ensino médio. Como a escola onde eu estudara até então não ia além da oitava série, o nono ano hoje, precisei mudar. Com a piora na visão e a aproximação do momento em que, me diziam, eu precisaria decidir o que fazer pelo resto da vida ("O vestibular está logo ali!"), foi uma época bem difícil.

E põe piora nisso: a cada dia que passava eu enxergava menos. A lupa especial que eu usava para ler já não parecia aumentar as letras tanto assim, a luminária sobre a minha mesa da escola não iluminava o suficiente e as canetas hidrocor estavam produzindo borrões. A cada dia tinha de fazer um esforço extra para enxergar algo que, na véspera, eu via com mais facilidade. Até que, durante um exercício de ortografia na aula de português, meu amigo Rodolfo, que se sentava ao meu lado e às vezes me ajudava, chamou minha atenção:

– Felipe! Você acabou de escrever três vezes na mesma linha!

Olhei o caderno e simplesmente não conseguia enxergar o que eu tinha acabado de escrever. Eu poderia, ou não, ter escrito três vezes na mesma linha, mas não via nada na minha frente. Foi nesse momento que, apesar de toda a força interior que eu fazia para negar o que estava acontecendo, tive de parar e admitir para mim mesmo: "Felipe, para de se enganar. Você está cego!"

O reconhecimento da cegueira me atingiu como um raio, mas eu não conseguia aceitar. Fiquei, isso sim, muito indignado. Simplesmente não entendia por que aquilo tinha acontecido comigo. Por que eu? Era essa a pergunta que eu fazia na minha cabeça o tempo inteiro. Os médicos não encontravam uma razão clara para a minha cegueira, e logo comecei a achar que só poderia haver algo intrinsecamente errado comigo. Isso desencadeou um ciclo de pensamentos negativos. Passei a acreditar que a culpa era minha e que eu era um fraco por não ter forças para mudar essa situação. Eu não tinha controle nenhum sobre o fato de ter ficado cego, então, claro, não conseguia mudar isso, e o ciclo só piorava. Mergulhei no que hoje chamo de "mundo do 'e se...'". Ficava pensando o tempo todo: "E se eu não fosse cego? E se não fosse gordo? E se eu não fosse eu? Como seria a minha vida?" Eu odiava viver aquela vida. Queria viver qualquer vida, desde que não fosse a minha.

O ano de 2006 foi um tempo de angústia, consultas médicas nas quais só recebia más notícias e muita, muita revolta. O ano já estava acabando naquele dia tão marcante e especial em que meu pai me encontrou chorando na sala de casa, ainda inconformado e pensando só em coisas ruins. Sensibilizado, ele se sentou do meu lado, colocou a mão na minha perna e disse:

– Felipe... Lembra que você tem uma escolha!

Falou isso e foi embora. Não esperou para ver minha reação.

Fiquei ali parado, sem entender a mensagem. Eu não conseguia vislumbrar escolha alguma. Estava ficando cego. Que opção havia? Mas foi um comentário tão surpreendente que não saiu da minha cabeça, nem naquele momento, nem nunca mais. Refleti muito sobre ele, mas levou um tempo até perceber que meu pai estava certo. Eu tinha escolha. Não entre ficar cego ou enxergar, mas sobre a minha atitude diante daquela situação. Ou seja, independentemente da cegueira, eu poderia escolher uma atitude positiva. Lembrar que, apesar de cego, todas as coisas importantes da vida, como trabalhar, estudar, amar e ser amado ainda me eram possíveis. Minha atitude dali em diante, e não o fato de ser cego, determinaria se eu viveria bem ou não.

IV. Um cego ruim em ser cego

Nove anos depois daquele momento tão marcante com meu pai, li um livro lindo chamado *Em busca de sentido*. O autor, Viktor Frankl, foi um psiquiatra austríaco e judeu capturado pelos nazistas durante a Segunda Guerra Mundial. Frankl sobreviveu ao Holocausto e, posteriormente, fundou a logoterapia, um método de superação do sofrimento por meio da busca do sentido da vida – uma definição que reconheço ser grosseira, porque o conceito em si é muito mais complexo. Ele conta que, no ambiente de dor, tortura e desesperança do campo, sobreviviam aqueles que *escolhiam* a atitude de encontrar sentido nas tarefas que cumpriam ali. O sentido podia estar em algum trabalho, no amor por alguém que tinham deixado para trás, numa amizade recém-começada.

Mas todos, sem exceção, encontravam sentido para aquele período, e isso lhes dava força mental para conviver com o medo e o terror. Uma passagem do livro traduzia exatamente o que meu pai quis dizer para mim, algo que tento praticar todos os dias de minha vida, até hoje:

> *O homem deve estar consciente de que deve viver uma vida plena de sentido e dar respostas transcendentes a cada situação. Pode ser despojado de tudo, menos da liberdade de escolher que atitude tomar diante das circunstâncias. E pode dizer sim à vida, independentemente de tudo!*

Pouco a pouco, a percepção de que *eu tinha escolha* me trouxe uma grande e crescente força pessoal. Apesar do sofrimento que eu ainda sentia por ter perdido a visão, a cada dia que passava conseguia encontrar um pouco mais de sentido no cotidiano. Comecei a estudar mais, e minhas notas, que já eram boas, melhoraram muito. Comecei a valorizar muito mais as amizades que eu tinha e a me aproximar dos amigos verdadeiros; alguns dos meus melhores companheiros de jornada são dessa época. Comecei a emagrecer, e em seis meses perdi 44 quilos.

Todos esses processos aconteceram ao longo de 2007, o ano que considero como o da minha virada pessoal. Até meus amigos percebiam claramente como eu estava mudando, e no meu aniversário daquele ano me deram de presente, além de um violão de doze cordas que eu queria muito, uma música composta por eles em homenagem à transformação positiva que viam em mim. Segue o refrão:

Um olhar... só um olhar.
O sorriso é que fica
Isso nada modifica
Celebrar essa vitória
A pessoa quando quer pode ser o que quiser!

Fizeram de surpresa: no meio da festa de aniversário, pararam a banda que estava se apresentando para que dois de meus amigos, Laris e Gustavo, tocassem a música para mim. Claro que fiquei muito emocionado e feliz. Além disso, também me deram um livro com fotos e mensagens de cada um deles. Talvez nem todos saibam, mas aquela homenagem mexeu profundamente com a minha cabeça. Perceber que tanta gente boa gostava tanto de mim e se preocupava em me integrar ao grupo consolidou o aprendizado que havia começado com a frase do meu pai. Entendi que, independentemente de eu ter ficado cego, tudo o que era importante na vida estava ao meu alcance. Na verdade, ser cego é irrelevante perto da imensidão de coisas muito boas que eu ainda poderia aproveitar.

Um efeito colateral desse processo foi o desejo de me tornar cada vez mais autônomo. Haveria desafios, eu sabia, mas também um novo entusiasmo. Uma energia recém-descoberta, vibrante e poderosa que se manifestava apesar de eu nunca ter sido muito bom em ser cego.

Vou explicar isso.

Desde que perdi a visão, minha mãe começou a me levar para aulas de tudo o que pudesse me ajudar a viver uma vida normal. Fiz curso de braile, de orientação e mobilidade para conseguir andar com a bengala, e começamos a buscar tecnologias assistivas que pudessem facilitar minha vida.

Deu muito errado.

Faço piada com isso hoje em dia. No dia a dia, eu me revelei um cego sem talento para a cegueira. Sei o braile, mas não gosto de ler nada em braile. Nunca fui habilidoso com a bengala – não consegui me entender com ela. Depois de um tempo compramos um cão-guia para mim, um *golden retriever* chamado Banzé. Pois o bicho me atirou contra um poste duas vezes, o que me fez perder a confiança nele. Abrimos mão dessa "ajuda". Quase nada do que a maioria dos cegos faz deu certo comigo. O único aprendizado que rolou naquela época foi o forró, mas isso só me ajudava nas festas.

Brincadeiras à parte, o fato de eu não me adaptar a nenhuma dessas ferramentas que poderiam me dar mais autonomia me deixava muito ansioso. Como conseguiria prestar vestibular e cursar uma faculdade? E depois? Como eu iria me virar na vida? Tudo isso ecoava forte e aflitivamente na minha cabeça.

Depois de muito refletir sobre o assunto, percebi que minha autonomia deveria vir de algo que eu fizesse muito bem. E o que eu fazia muito bem? Eu era um excelente aluno! Tinha uma memória muito acima da média e, graças à minha velha tática de fazer contas de cabeça, estruturei um pensamento rápido e avançado. Ou seja, minha independência teria de vir por meio da educação. Ora, se eu me tornasse um craque em algo mais técnico, isso facilitaria minha interação com as pessoas, que poderiam me ajudar a transpor as outras dificuldades que eu tinha. Foi o que aconteceu: eu me tornei tão bom na escola que as pessoas queriam estudar comigo. Elas se beneficiavam e eu também, já que eu não precisava converter tudo em braile para ler. Essa dinâmica foi fundamental mais tarde, no período da faculdade, e até hoje tem um papel muito relevante.

Veio dessa fase da minha vida o entendimento de que só por meio da educação é possível conquistar a independência e desenvolver novas habilidades. Educar bem é a melhor e mais duradoura forma de corrigir as enormes desigualdades que temos em nosso país. Sem ela, continuaremos sendo um país injusto.

Atualmente, no Brasil, de todos os jovens que terminam o ensino médio, apenas 10,8% tiveram o aprendizado adequado em matemática. Ou seja, apenas 10,8% entendem o que 10,8% significam! Isso os impede de cumprir uma série de atividades que poderiam ser úteis à sociedade, empobrece a interação entre eles e outras pessoas e, no fim das contas, os arremessa em um círculo vicioso no qual sempre terão menor capacidade de resolver os próprios problemas. Somente rompendo essa dinâmica por meio de uma educação de qualidade para todos é que conseguiremos construir uma sociedade mais próspera e livre. Essa percepção me ajudou a construir uma das principais linhas de atuação do meu atual mandato, sobre a qual escreverei adiante. Lá em 2007, foi graças a ela que consegui me tornar uma pessoa mais autônoma.

Esse sentido de autonomia bateu forte quando comecei a refletir sobre a faculdade que faria. Até então, eu imaginava cursar administração, em Linhares mesmo, e seguir o caminho natural de gerir os negócios dos meus pais no futuro. Mas, na ânsia de me tornar uma pessoa mais independente, passei a questionar se eu realmente queria ficar na minha cidade. Comecei a perceber que o cuidado que meus pais tinham comigo era tão grande, a proteção que tentavam me dar era tanta, que possivelmente eu vivia em uma bolha de dependência deles. Os dois faziam tudo por mim! Eles me levavam a todos os lugares e me buscavam, proviam tudo do bom e do melhor. Isso era ótimo e sou muito grato a eles, mas, se eu quisesse me virar sozinho de verdade, teria de romper essa bolha, ou seja, passar uns apertos. Para isso, estava claro que eu precisava sair de Linhares.

Eu já era um dos melhores alunos da minha turma, porém decidi me dedicar muito mais aos estudos para o vestibular. Além da ajuda que recebia dos amigos que estudavam comigo todas as tardes depois da aula, precisaria de apoio extra para fazer os exercícios à noite. Meu primo Marcelo se prontificou rapidamente a ler a matéria comigo.

Marcelo é quase um irmão para mim. Costumamos dizer que só não somos irmãos porque temos pais diferentes; fomos criados juntos e somos tão amigos que é como se fôssemos irmãos mesmo. Ele fez uma tatuagem na perna com os dizeres "Vou te guiar por onde você for". Uma referência à minha cegueira.

Enfim chegou o momento de decidir exatamente que curso eu queria fazer e em quais faculdades poderia estudar. Como gostava de exatas e ia muito bem nessas matérias, estava meio claro que esse era o caminho para mim. Mas também me interessava por tudo o que se relacionava com gestão e empresas, muito por influência dos meus pais, que sempre me levavam para trabalhar com eles e comentavam em casa e comigo os detalhes do negócio. A afinidade com exatas levou a melhor: acabei prestando vestibular para o curso de física na Universidade Federal de Ouro Preto, a Ufop, e para engenharia de produção na Federal do Espírito Santo, a Ufes.

Lembro-me de que viajamos em cinco amigos para fazer a prova da segunda fase da Ufop, em Vitória. Tínhamos combinado que, assim que acabássemos a prova, todos iríamos ao show da Banda Eva que aconteceria na cidade. Desse certo ou errado, queríamos extravasar o estresse do vestibular com música e festa. Acontece que, por ser cego, tenho direito a uma hora a mais de prova. Eu estava bem confiante nas minhas respostas, especialmente nas questões de química, que tinha deixado por último. Quando faltava uma questão para eu terminar a prova, me dei conta de que o show estava para começar. Entreguei a prova incompleta para não chegar atrasado.

Meus amigos ficaram malucos comigo. Mesmo sem ter respondido tudo, fiquei em quarto lugar entre os aprovados para o curso de física da Ufop. Se tivesse completado a prova talvez subisse no ranking, mas aí não teria aproveitado aquele show maravilhoso. Como diz meu pai... lembre que você tem escolha!

Na Universidade Federal do Espírito Santo passei em 13º lugar para o curso de engenharia de produção. Meus pais e eu então conversamos sobre a melhor opção. Decidimos visitar as duas universidades para ver qual teria a melhor capacidade para me receber considerando minha deficiência.

A Ufop ganhou de goleada. Eles já tinham criado um núcleo de educação inclusiva, que poderia preparar todos os materiais para mim em braile ou digitalizados, caso eu precisasse. Além disso, em Ouro Preto havia o esquema das repúblicas, que tornava os estudantes muito mais unidos do que em outros lugares.

E a Ufop ficava longe de casa.

Se eu queria realmente romper a bolha da dependência familiar, era sem dúvida a melhor escolha. Meus pais concordaram com tudo, ainda que tenham ficado com o coração apertado. Eles sabiam que, se eu me matriculasse na Federal capixaba, pouca coisa mudaria. O campus da faculdade ficava em São Mateus, a apenas uma hora de Linhares. Acabaríamos sucumbindo a algum tipo de conforto, talvez um motorista para me levar e buscar, e certamente haveria visitas periódicas deles. Amo meus pais, mas eu precisava aprender a me virar sozinho.

E assim ficou decidido: eu me mudaria para Ouro Preto, a 600 quilômetros de Linhares.

V. Fora da bolha em Ouro Preto

Foi minha mãe quem leu a placa sobre a porta: "República Copo Sujo – Há vagas". Era uma casa comum, assobradada, com um portão baixo e uma varandinha cimentada que levava à entrada. Nesse espaço – que ela ia descrevendo detalhadamente, como era nosso costume – havia (cálculo dela) uma centena de engradados de cerveja empilhados, cheios de garrafas vazias. Chegamos mais perto. Na tal varandinha cimentada havia o desenho de um bêbado virando um copinho de pinga. Eu sentia pela voz dela que minha mãe estava tensa. Meu pai tocou a campainha. Como já tinha morado em república no interior do estado durante seu tempo de faculdade, ele sabia exatamente o que esperar: cômodos bagunçados, móveis virados, uma dose razoável de sujeira.

Encostou em mim e disse no meu ouvido, bem baixinho: "É aqui que você vai morar."

Era quinta-feira depois do Carnaval, e tínhamos chegado na véspera a Ouro Preto para fazer minha matrícula no curso de física da Federal. Eu estava morrendo de medo, mas escondia isso até de mim mesmo. Até ali, tudo tinha corrido bem. Já matriculado, me encaminharam para o Núcleo de Educação Inclusiva, cujo objetivo é dar suporte aos alunos nas questões de acessibilidade. Fomos recebidos pelo pró-reitor que cuidava da área, o pedagogo Adilson Pereira dos Santos, e pela coordenadora do núcleo, a mestre em educação Marcilene Magalhães da Silva. Eu seria o primeiro cego a estudar em tempo integral na Ufop, o que também era desafiador para a universidade; havia outros deficientes visuais, mas faziam o curso a distância ou, no máximo, frequentavam parcialmente. Não seria o meu caso: estava ali para mergulhar no cotidiano da universidade. Eu me lembro do Adilson dizendo:

– Felipe, a gente te dá os materiais para estudar e todo o apoio possível, mas o fato é que os professores não foram treinados para ensinar a um aluno cego. Ainda não sabemos como resolver isso. Sendo bem honesto com você.

Eu tinha uma resposta para isso:

– Fica tranquilo, eu ensino eles a me ensinarem. Na real, já é o que eu faço o tempo todo. As pessoas não sabem lidar com cegos.

E assim foi: a cada professor novo eu sugeria maneiras de ensinar e prometia avisar se não funcionasse. Ao longo dos cinco anos de Ufop não tive nenhum problema de aprendizagem. Lembro-me até hoje da minha primeira aula de Cálculo 1, com uma professora excelente chamada Érica. Pois Érica escrevia no quadro-negro e ia explicando formas e números enquanto dizia:

– Então, como vocês estão vendo...

Levantei a mão.

– Professora, o que os outros alunos estão vendo?

Ela entendeu na hora e começou a descrever os cálculos, da mesma maneira que hoje eu escrevo "para cego ver" e explico exatamente o que há na imagem nas legendas das fotos que publico no Instagram. Assim, o usuário cego pode usar um software de leitura de texto em voz alta, para "ver" o que foi postado.

A professora Érica aprendeu rápido. Na quarta aula estava dando show. Eu entendia tudo. A partir do segundo semestre ficou bem mais fácil, pois os próprios professores compartilhavam entre eles suas "técnicas" para me ensinar. Tudo fluiu lindamente durante toda a faculdade.

Antes da visita à República Copo Sujo, meus pais e eu havíamos conversado bastante sobre onde eu deveria morar. A primeira ideia foi alugar um apartamento e contratar alguém para fazer faxina e cuidar das minhas coisas, mas eu argumentei que, nesse esquema, eu continuaria... dentro da bolha. Só mudaria a pessoa dentro da bolha comigo. A segunda ideia tinha partido de Adilson e Marcilene, que falaram sobre a cultura de repúblicas tradicionais da cidade e insinuaram que talvez eu pudesse me instalar em uma delas.

Quem é de fora ou nunca esteve em Ouro Preto talvez tenha dificuldade em entender como funcionam as repúblicas estudantis da cidade. São verdadeiras instituições. Algumas estão no mesmo lugar há décadas; os estudantes passam por elas, mas elas seguem firmes, acolhendo gente nova a cada ano, com regras próprias e hierarquias. Diferentemente do que ocorre em outras universidades, na Federal de Ouro Preto os estudantes são unidos não pelas turmas, mas pelas repúblicas a que pertencem. Muitas têm bandeira e hino, que os moradores são obrigados a aprender de cor, além de rituais de forte simbolismo que produzem laços indestrutíveis entre os estudantes de cada casa. Em resumo, são sinônimos de irmandade.

Foi saindo do restaurante, ainda digerindo a ideia de que eu morasse em uma república, que meus pais viram a placa da Copo Sujo. Os cem engradados de cerveja e o caos reinante tinham uma explicação: a república havia aberto as portas para hóspedes no Carnaval, outra tradição da cidade. Os hóspedes, em geral jovens e estudantes de outros lugares, pagam pela estada, e com esse dinheiro as repúblicas promovem melhorias no imóvel... ou simplesmente organizam altas festas. Os móveis tinham sido afastados para caber mais gente nos dias de folia. Como era quinta-feira pós-Carnaval, os moradores ainda não tinham feito a faxina.

Dos seis membros da república à época, quatro estavam presentes naquele comecinho de tarde: Pinguim, Serasa, Bafim e Bicano. Faltavam Perdido e Cunsal. Todos eram conhecidos por seus apelidos – os nomes só vim a saber depois.

Arrastaram um sofá onde meus pais e eu nos sentamos e se dispuseram a nos ouvir. Eu falei primeiro:

– Vou fazer física e sou cego. Queria morar por aqui, mas se me aceitarem vou precisar muito da ajuda de vocês. Acho que é melhor discutirem isso sem a gente por perto.

Nossa conversa foi muito boa e transparente. Simpatizei de cara com os meninos e acho que eles comigo. Falamos de custos e de divisão de tarefas. Contei um pouco da minha história e senti que eram solidários. Ao final, me disseram que precisavam falar com os outros dois moradores, mas, no que dependesse deles, eu já estava dentro. Ficaram de nos ligar logo em seguida com o veredicto. "Beleza", disse eu.

Uma hora e pouco depois Bafim ligou:

– E aí, bicho? – Já estava me chamando de "bicho", como os calouros são tratados lá. – A gente conversou com os meninos e todo mundo acha que vai ser massa.

Nem visitamos outra república. Estávamos felizes com aquela.

A Copo Sujo foi fundada em 2000 e, assim como a maioria das repúblicas em Ouro Preto, tinha tradições muito interessantes. Cada aluno que se formava participava de uma cerimônia chamada "inauguração do quadrinho", que é exatamente o que o nome diz: um quadro com a foto do formando, nome, cidade de origem, curso e ano da graduação. O "quadrinho" se soma a todos os outros na parede da república. Um grande painel de família. Até hoje, tantos anos depois de formado, sinto como se os amigos da Copo fossem mesmo minha família. Enquanto estive lá, moramos em duas casas, e hoje a república está instalada em uma terceira – a casa não define a república; a república é que define a casa.

O fato de eu ter sido aceito não fazia de mim um morador definitivo, não ainda. Havia um período de teste chamado de "Batalha", durante o qual os demais estudantes avaliavam as características do aspirante para ver se ele se adaptaria à cultura daquela república. Da mesma forma que cada empresa tem sua cultura, o conjunto de normas não escritas que sinalizam o que se valoriza naquela organização, cada república de Ouro Preto também tinha a sua. No caso da Copo (isso variava entre as repúblicas da cidade), os moradores observavam a capacidade de trabalho do "bicho": se me davam uma tarefa, eu era capaz de cumprir, sem preguiça? Se não soubesse, corria atrás de aprender? Sendo cego, não esperavam que eu fizesse faxina nos banheiros, por exemplo (não havia como eu saber se tinha ficado bom), mas havia, sim, a expectativa de que eu lavasse as vasilhas, o que aprendi a fazer muito bem, e ajudasse nas festas, servindo cerveja sem derramar. Cerveja não se desperdiça, é ouro líquido.

Na véspera do início das aulas, em março de 2009, meus pais me levaram a Ouro Preto, me instalaram na Copo e foram embora. Era o que eu queria. Era exatamente o que tínhamos combinado. No entanto, quando eles partiram, comecei a chorar desesperadamente. Tinha 17 anos, era cego, moraria com um bando de desconhecidos e não sabia muito bem o que aconteceria dali para a frente. Nesse dia, um dos colegas, o Serasa, me pegou pelo braço e me conduziu pelos cômodos da casa, descrevendo cada espaço de maneira surpreendentemente afetuosa. Paramos na varandinha da entrada e ele me disse algo que nunca esqueci nem esquecerei.

– Bicho, eu sei que você tá mal. Mas pensa. Sabe essa casa que a gente percorreu juntos? Tudo isso é seu. Esta é a sua casa, é onde você vai viver e fazer novas amizades. É por isso que a gente tem de cuidar desse espaço. É por isso que você também vai cuidar.

Nos dias que se seguiram, fui entendendo como a república funcionava. Como "bicho", eu devia obediência aos moradores mais antigos, apesar de a Copo não ser tão rígida quanto outras repúblicas da cidade. O primeiro da hierarquia era Cunsal, estudante de farmácia; na mesma sala dele estava Bicano, o vice-decano. Bafim cursava química industrial, Serasa fazia engenharia ambiental, Pinguim era da engenharia de produção e Perdido cursava engenharia metalúrgica. Todos vinham de cidades do interior de Minas. Seguindo a tradição da Copo, quem se incumbiu de fazer as honras da casa para mim foi Perdido, que tinha entrado no ano anterior e era o que se chamava de "semibicho". Mas foram Pinguim e Serasa que me ensinaram muitas das tarefas domésticas, de fazer café decente a cuidar da louça. Havia algumas delicadezas, aqueles momentos em que, por causa da cegueira, ninguém sabia muito bem se me dava bronca ou não por algo que eu tinha feito errado. Quase sempre davam, e o castigo geralmente era tomar uma pinga (dependendo do dia, nem punição era). Ainda hoje, mesmo sendo deputado federal, se eu estiver com o Pinguim e ele me mandar tomar uma pinga, obedeço. A hierarquia das repúblicas ouro-pretanas é indelével.

As duas primeiras semanas foram de certa ansiedade, mesmo com o apoio dos meninos. Na terceira, eu já estava com muita saudade da minha família. Desabafei com o Serasa.

– Cara, eu queria muito passar o fim de semana na minha casa.

Para ele, a solução era fácil.

– Vai, ué. A gente te deixa no ônibus aqui e alguém te pega lá.

"Então eu vou", pensei. "E de surpresa: não vou avisar meus pais."

Para ir de Ouro Preto a Linhares eu tinha de fazer uma baldeação em Vitória, pois não havia ônibus direto. Liguei para minha tia Cecília, que morava na capital, e perguntei se ela poderia me esperar na rodoviária de Vitória e me ajudar a trocar de ônibus. Pedi segredo. Ela concordou, feliz – e olha que eu chegaria às quatro e quarenta da madrugada... Liguei então para um amigo em Linhares, Rodrigo "Sacola", e perguntei se ele poderia me pegar na rodoviária e me dar uma carona até minha casa, sem avisar meus pais. Armei tudo e, morrendo de medo, embarquei em Ouro Preto na noite de sexta-feira.

Cheguei a Linhares perto das nove da manhã de sábado, quando, eu sabia, minha mãe já estaria na floricultura. Pedi ao meu amigo que me deixasse lá. Quando ela me viu parado ali, de surpresa, desatou a chorar. Eu senti as lágrimas dela no meu rosto enquanto ela me abraçava. "O que você fez, meu filho?", perguntou. Contei que tinha combinado com a tia Cecília e o Rodrigo.

– Mas você não ficou com medo? – Ela quis saber.

– Ô, e que medo, mãe.

Fomos juntos até a casa, que ficava ali perto. Foi a minha grande declaração de independência, algo que mostrou não apenas aos meus pais, mas a mim mesmo, que eu era capaz de me virar sozinho. Que eles tinham me criado para isso, com sucesso. Naquele primeiro semestre, voltei várias vezes a Linhares, sempre com a ajuda da tia Cecília para a baldeação em Vitória, e só comecei a espaçar as viagens quando a vida em república começou a ficar mais interessante do que os fins de semana em família.

Após cinco meses e meio de "experiência", enfim fui escolhido como morador da Copo Sujo. Logo ganhei um apelido: Furado, porque eu comia muito – e sempre parecia caber algo mais no meu estômago "furado".

Como éramos uma república relativamente pequena, com apenas sete moradores, ficamos muito próximos. Todos me tratavam com paciência e gentileza. "Sabe, Furado, isso aqui está precisando dar uma melhoradinha", eles me diziam quando eu fazia algo malfeito. Atrás da primeira casa da Copo onde morei havia um quintal com chão de brita onde fazíamos churrasco aos domingos, regado a cerveja e muita conversa boa. Ainda hoje volto sempre que acho que preciso de um respiro na rotina – e, claro, no aniversário da república, dia 11 de agosto, voltamos todos, inclusive os fundadores.

Quando conto que vivi tanto tempo em república, muita gente pensa em diversão e cerveja, o que rolava, claro. Mas também havia muitas regras, decididas em rodas de conversa e cujo cumprimento era fiscalizado por todos. Quando alguém precisava de uma enquadrada, em geral quem assumia a tarefa era o decano. Hoje não sei, porque não estou mais lá, mas na minha época a Copo era superorganizada. Lembro-me de uma fase em que todo mundo estava muito apertado nos estudos e alguns de nós começamos a não fazer a nossa parte. Nós nos reunimos e surgiu a ideia de um sistema de multas: se alguém deixasse vasilha suja na pia e outra pessoa visse, essa pessoa marcava um "x" diante do nome do "culpado" na lista que ficava na parede da casa. Cada três "x" correspondiam a uma multa de 10 reais, que iam direto para a caixinha da república – a contribuição individual para as despesas compartilhadas, como café, sal, açúcar, energia elétrica. Essa medida aliviava a conta para os demais e sobrecarregava o faltoso, que tendia a se emendar.

A Copo Sujo funcionava muito bem, com regras claras e um responsável pela supervisão do sistema. Nas repúblicas de Ouro Preto, aqueles que não respeitam os combinados são expurgados pelo próprio sistema. Quando não é assim, vira sabe o quê? Vira o Parlamento brasileiro. O Parlamento, como eu viria a descobrir, é um território no qual as regras nem sempre são aplicadas. O Estatuto é largamente ignorado e fica à mercê de acordos políticos. No Plenário, todo mundo fala, mas poucos prestam atenção. Apesar das regras mutantes e dos vícios do nosso sistema de representação política, conseguimos criar leis e aprová-las, mas há vezes em que a atuação do Parlamento parece mais voltada para os interesses paroquiais do que para o bem-estar da sociedade.

VI. "Fiquei muito sozinho e foi ótimo"

Se na república tudo ia muito bem, cada vez melhor, na faculdade eu não podia dizer o mesmo. Depois de dois semestres na física, tomei a difícil decisão de mudar de curso e migrei para a engenharia de produção.

O ano de 2009 foi intenso. Logo no primeiro semestre, comecei a perceber que o curso de física não correspondia a alguns dos ideais que eu tinha em relação à minha futura profissão. A turma era boa, o currículo era interessante, mas eu gostava de gestão, de ler sobre organizações empresariais e liderança, e na física não havia nada disso. Eu também tinha sido aprovado no vestibular da Universidade Federal do Espírito Santo em engenharia de produção – este, sim, mais próximo daquela admiração que eu sentia pela gestão. Mas àquela altura já não era mais possível me matricular, nem eu queria: estava adorando a vida universitária em Ouro Preto.

Como a Federal também tinha o curso de engenharia de produção, decidi fazer uma experiência e me inscrevi para cursar uma disciplina lá – microeconomia. Apesar de não ser a matéria mais representativa do curso, já me conectou com o que eu gostava: nas aulas, estava mais feliz discutindo assuntos como equilíbrio entre oferta e demanda do que me aprofundando nas leis de Newton.

Comecei a pensar: e se eu pedisse transferência?

Pedi. Havia uma única vaga na engenharia de produção, e, após análise do meu desempenho no vestibular e das notas na física, fui aceito no novo curso.

Logo tive certeza de que era a coisa certa. Contudo, foram muitos os desafios da mudança. O primeiro era o inglês. Já na disciplina de microeconomia eu tinha me dado conta de que precisava melhorar minha fluência. Nunca tive muita simpatia por esse idioma, achava chato, difícil de aprender. Foi assim até o fim do ensino médio, quando conheci uma escola que usava um método diferente, baseado na mnemônica, técnica que trabalha com associações para fortalecer a memorização. Para um deficiente visual, fez toda a diferença. Mas eu precisaria de um domínio muito maior da língua para me dar bem na engenharia de produção. Passar uma temporada nos Estados Unidos me pareceu a saída ideal.

No primeiro semestre de 2010, eu já estava aclimatado o suficiente na Ufop e me sentindo seguro para dar esse passo novo e ousado.

Sou do tipo que gosta de aparecer com soluções prontas. Fui atrás de uma agência, levantei as informações e a documentação necessária e encontrei até mesmo uma família que vivia na cidadezinha de Bristol, em Rhode Island, que já tinha hospedado pessoas cegas e apreciado a experiência. Viajei a Linhares e apresentei aos meus pais o pacote completo, preço incluído. A primeira reação deles foi de susto; afinal, eu tinha 18 anos e, bem, não enxergava. Expliquei que seria importante, que a família americana já estava acostumada e que, exceto pelo preço, não havia por que negarem meu pedido.

E lá fui eu para uma temporada de seis meses na casa da família Shea. Eram quatro: o pai, Dan, a mãe, Elis, e as filhas, Amzia e Keysla. A mais velha, já na casa dos 20 anos, era enfermeira e trabalhava como cuidadora, e a mais nova tinha apenas 12. Havia ainda um quinto morador, Abdullah, outro intercambista, da Arábia Saudita, que os Shea estavam recebendo no mesmo período em que cheguei.

Meus "pais" americanos tinham ascendência irlandesa e eram muito acolhedores. Dan tinha uma fábrica de barcos artesanais e Elis trabalhava em um café – sua especialidade eram os cookies, maravilhosos. Nós nos reuníamos à noite para as refeições e lembro-me de muitas risadas à mesa. Dan e Elis ralavam muito, então, sempre que podiam, ficavam em casa. Eu me ressentia desse jeito caseiro deles. Vinha do ambiente festeiro de Ouro Preto e me vi profundamente solitário. Abdullah não durou muito – era bagunceiro, não confraternizava com a família e acabou rompendo o contrato com os Shea. Custei muito a fazer amigos na escola que frequentei, o que aconteceu mais para o final do período de intercâmbio. Eu me aproximei do Mario, um venezuelano cuja família vinha sofrendo ameaças das Forças Armadas Revolucionárias da Colômbia (Farc), uma guerrilha paramilitar. Àquela altura, vale lembrar, os guerrilheiros estavam invadindo território venezuelano para sequestrar membros de famílias abastadas – um primo do próprio Mario tinha vivido isso na pele. Houve também Taô, um carioca gente boa, e Raquel, outra carioca, casada com um americano e decidida a melhorar o inglês para se tornar professora. Essas amizades foram revigorantes, mas demoraram a acontecer. No geral, o sentimento que guardei dessa temporada foi de solidão.

No entanto, foi até importante. Nas palestras que faço, me refiro a esse período dizendo que nele "fiquei muito sozinho e foi ótimo", e ninguém entende. Como pode ser ótimo ficar sozinho? Ainda mais para um adolescente cego vivendo em outro país!

Pois foi em Bristol que aprendi a pedir ajuda. E isso fez toda a diferença no meu desenvolvimento pessoal.

Eu tinha muita vergonha de manifestar minha fragilidade. Se fosse para pedir auxílio aos meninos que moravam comigo na Copo Sujo, tudo bem; formávamos uma fraternidade, afinal. Mas na Ufop era muito comum que as aulas terminassem e eu passasse duas, até mesmo três horas esperando alguém que eu conhecesse se aproximar. Só então tomava coragem de pedir a essa pessoa para me conduzir a outro lugar. Muitas vezes ficava numa salinha da administração do departamento até alguém da minha república, sabendo da minha dificuldade, aparecer para me buscar. Eu não pedia ajuda. Ficava quieto lá, só esperando. Tinha receio de incomodar.

Nos Estados Unidos, porém, se eu não pedisse ajuda não voltaria para casa, porque não tinha ninguém para me "resgatar", como faziam os companheiros da Copo. Aprendi na marra. E esse aprendizado trouxe três grandes ganhos. Primeiro: ao pedir ajuda, resolvo o meu problema imediato. Segundo: melhoro a minha conexão com as pessoas ao meu redor, aquelas que não faziam parte do meu círculo imediato de amizades. Terceiro: ofereço ao outro a oportunidade de fazer algo de bom por alguém que precisa.

Ah, e o inglês melhorou. Muito. Tiquei esse problema da lista.

O intercâmbio também me colocou frente a frente, de maneira inescapável, com um sentimento que me acompanha pela vida: o medo.

Eu tenho medo. Muito medo. O tempo todo. O medo está presente em quase tudo o que faço, até hoje, ainda que em menor medida. Não enxergar assusta.

No avião para os Estados Unidos, eu não consegui me alimentar. E olhe que meu apelido é Furado. Não comi por medo de alguma coisa dar errado. Tive medo de o motorista não estar me esperando no aeroporto. Medo de me perder em um país desconhecido. Medo de cair, de me machucar. Medo de não gostar da experiência. Só tem uma coisa que é um tiquinho maior do que o medo na minha vida: a vontade de evoluir, de dar certo. De alguma forma, há sempre um embate entre esses dois sentimentos, mas o desejo de evoluir vence. É por isso que estou aqui, hoje. Em última instância, acho que o nome disso é coragem. Coragem, me dizem, não é a ausência do medo, mas a ação *apesar do* medo.

Para fazer o intercâmbio, tranquei a matrícula na engenharia de produção, mas mantive meu vínculo com a Copo Sujo. Quando voltei, em julho de 2010, foi uma festa. No segundo semestre, comecei pra valer as aulas no novo curso. Houve, como era de esperar, grandes desafios. Nessa etapa, e agora que o inglês já estava afiado, o maior deles se chamava expressão geográfica, uma disciplina do quinto semestre.

Expressão geográfica aborda o desenho gráfico, essencial para os engenheiros de produção, e é ministrada pelo departamento de Arquitetura da faculdade. Nela, o aluno aprende a esboçar plantas e peças e a utilizar um software chamado AutoCAD. O professor era bom e eu gostava das aulas, apesar de, naturalmente, ser mais difícil para mim. Demorou um tempo até eu perceber que, diferentemente dos colegas, eu não fazia provas. E isso mexeu comigo. Fui investigar e descobri que havia uma guerra rolando nos bastidores por minha causa.

De um lado estava o pessoal do departamento de Arquitetura da Federal de Ouro Preto, responsável pela matéria; para eles, eu era simplesmente incapaz de cursar a tal expressão geográfica. Bateram o pé, convictos, desafiando o chefe do departamento de Engenharia de Produção, o professor Jonas Cremasco, que não tinha dúvida a respeito da minha capacidade. Até ali, a Arquitetura havia levado a melhor. Mas o professor Jonas, um resolvedor de problemas nato, tinha um plano e uma estratégia.

O plano se chamava Alana, uma monitora designada para me auxiliar nas aulas. Depois de muito me observar e refletir, Alana inventou um jeito que me permitia realizar as aulas sem dificuldade.

– Furado – dizia ela –, você vai pegar o compasso e, em vez de riscar o papel com a parte do lápis, você vai riscar com a parte da agulha. Sem pressionar demais para não rasgar. O que a gente quer é criar uma marca na folha, que você possa tatear e sentir.

Era uma técnica sensacional. Alana ficava ao meu lado e colocava um plástico sob a folha que eu precisava riscar. Eu fazia um cortezinho superficial e conseguia sentir tudo. Nas arestas eu pressionava o compasso e fazia furos, de modo que, o tempo inteiro, eu sabia onde "estava" no desenho.

Já a estratégia era de confronto. A certa altura, com o semestre avançado, o professor Jonas convocou uma reunião entre mim, um representante da Arquitetura e ele próprio. Foi uma conversa tensa. A pessoa da Arquitetura, cética, não se cansava de me perguntar se eu "tinha mesmo condição" de cursar a disciplina.

– Lógico que eu tenho condição. Só vocês que não perceberam ainda – desafiei.

Ganhei um fim de semana para fazer praticamente todas as provas da matéria e fui aprovado. Eu nunca duvidei da minha capacidade de passar naquela disciplina. Quando um professor descreve um gráfico durante uma aula, consigo imaginar perfeitamente, como se houvesse um quadro-negro na minha cabeça. Apesar de ser cego, desenvolvi um raciocínio muito visual. No ensino médio e na faculdade, ao ouvir um professor falar, eu "tomava notas" na cadeira, na mesa, onde pudesse – meu dedo percorria as superfícies como se eu estivesse escrevendo mesmo, embora, obviamente, nada ficasse registrado. Era como um Post-it mental. Quando a aula terminava, eu me sentia compelido a "apagar" com a mão o que tinha escrito, tão intensa era a sensação. Pode parecer estranho, mas essas anotações imaginárias me ajudavam a fixar as matérias. Até hoje faço assim. Naquela época, porém, o que mais me marcou foi perceber que as pessoas limitavam minhas capacidades porque eu era cego.

É claro que eu consigo fazer. É só me explicarem que eu entendo.

VII. O QUADRINHO E O CONGRESSO

Ouro Preto foi uma experiência profundamente transformadora. Foi lá que me envolvi com o Movimento Empresa Júnior, base de muitas decisões de carreira que tomei nos anos seguintes. Do ponto de vista pessoal e emocional, a vida na república Copo Sujo ajudou a moldar a pessoa que me tornei. Se eu precisasse de ajuda, sempre havia alguém pronto a ajudar. Se precisasse de esporro, tinha alguém para dar. Se eu não gostava que falassem alto comigo, aí é que falavam mesmo, na base da brincadeira, sem agressividade. São a família que escolhi.

Com os estudantes que compartilharam a Copo comigo – os que estavam quando cheguei, os que continuaram quando parti – aprendi a lidar com a diferença de uma maneira muito produtiva. Aprendi que, às vezes, o chato era eu e mudei para conviver melhor. Se eu já tinha bons relacionamentos com outras pessoas, ali melhorei essa característica. À medida que os anos passaram, deixei de ser bicho para me tornar semibicho e avancei até virar decano. Aprendi a ensinar os mais novos e a cuidar deles, como cuidaram de mim quando eu chorei após a partida dos meus pais.

No Congresso Nacional, anos mais tarde, as habilidades de relacionamento que desenvolvi na fase da república me ajudaram em alguns dos conflitos mais encarniçados que vivi.

Em retrospecto, tive dois momentos inesquecíveis, maravilhosos, em Ouro Preto. O primeiro foi a minha escolha na Copo Sujo, algo muito desejado, com rituais próprios, de muita euforia pela confirmação do pertencimento. O segundo foi a inauguração do meu quadrinho. Para muitos de nós, essa "cerimônia" é mais importante do que a própria formatura, marcando o momento em que o (até então) morador se torna ex-aluno e inaugura o quadro dele que ficará para sempre pendurado na parede da república. Em geral, ocorre na quinta-feira anterior ao fim de semana da formatura, ou na sexta, depois da colação de grau. Tem repúblicas que fazem no sábado, dia do grande baile, mas não recomendo: conheço muitas histórias de gente que ficou tão embriagada durante a inauguração que simplesmente não apareceu para a balada noturna.

A minha foi na sexta-feira. O costume é pendurar o quadrinho na parede, já no lugar definitivo, e abrir o "palco" a quem quiser contar alguma história da trajetória do agora ex-aluno. Eu estava um pouco tenso, porque sabia que não contariam só as boas histórias; haveria muitos "podres" também, e estariam presentes meus pais e muitos dos meus melhores amigos de Linhares. Para a formatura, cada aluno tinha direito a convidar 25 pessoas. Eu não conseguiria me restringir a esse número. Combinei com meu pai e paguei para convidar o triplo de gente. No fim das contas, 81 convidados meus compareceram. Inclusive tia Cecília, que tinha me aguardado tantas vezes na rodoviária de Vitória.

Todos estavam na inauguração, que foi um evento e tanto. Perdi a conta da quantidade de amigos que subiram ao "palco". Sei que cada um mostrou um desenho que revelava uma história entre mim e aquela pessoa. Se a ideia era contar para cada um dos presentes quem tinha sido o Furado naqueles anos em Ouro Preto, bem, o que não faltou foi emoção e amizade. Seguindo a tradição, eu abraçava e tomava uma pinga com cada amigo que subia ao palco para contar uma história.

Consta que, entre todas as inaugurações que aconteceram na Copo, a minha foi a mais demorada, com mais de quatro horas de duração. Teve até intervalo. Foi também um dos momentos mais felizes da minha vida até hoje. O meu caso não era uma simples inauguração de quadrinho. Era uma história de superação não só minha, mas da universidade, da república, dos colegas. Fui o primeiro engenheiro cego da história da Federal de Ouro Preto, e até a vice-reitora compareceu à minha cerimônia. Teve também o meu discurso, mas guardei poucas lembranças do que disse. Meus pais tudo viram e ouviram. Não sei o que pensaram, mas estavam profundamente emocionados. Talvez tenham concluído que, afinal, fizeram tudo certo, com a dose justa de cuidado e liberdade.

Encerrada a inauguração, eu estava eufórico – e, naturalmente, bêbado. Foi difícil acordar cedo na manhã seguinte para a missa de formatura, que começava às nove horas. Quando acordei, minha mãe tinha passado pelo meu quarto – ela e meu pai estavam hospedados num hotel da cidade, o Mirante – e deixado minha roupa separada, uma camisa social nova, bonitaça, calça bem passada, sapato engraxado. Só que eu não vi. Claro. Botei um jeans meio surrado, o tênis avacalhado de sempre e uma camiseta amarela com um Fusca roxo na frente e fui para a igreja. "Meu Deus", brigou minha mãe quando me viu assim. "Você não sabia que a sua roupa estava lá?" Eu sabia, mas esqueci. Era o único esculhambado – pela descrição dos meus pais, todos os colegas estavam elegantes.

Morei por seis anos em Ouro Preto. De faculdade foram cinco, mas houve o semestre que tranquei para fazer intercâmbio e outro em que, já formado, continuei morando na Copo enquanto terminava minha gestão na Federação Mineira de Empresas Juniores, o que só ocorreria no fim de 2014. Ainda hoje participo da tomada de decisões da república, como muitos ex-alunos. Em situações de crise – se, por exemplo, a república não consegue atrair novos "bichos" ou fica descapitalizada, como ocorreu durante a pandemia de Covid-19 –, somos chamados a ajudar da maneira possível, e ajudamos. O importante é a perpetuação da instituição.

VIII. Como faturar 180 mil reais em empresa júnior

Foi na engenharia de produção que conheci e me apaixonei por algo que ajudaria a moldar o meu futuro: o Movimento Empresa Júnior. Quem abriu essa porta para mim foi a professora Tays Torres Ribeiro das Chagas, titular de uma disciplina que se chamava engenharia do trabalho.

A empresa júnior é uma empresa de estudantes. O objetivo é contribuir para a formação dos alunos por meio da aplicação prática dos conceitos aprendidos ao longo do curso – o que se dá, na maioria das vezes, pela criação de projetos de consultoria. Todo projeto tem um professor-mentor para dar assistência na parte técnica. Era uma grande vivência empreendedora, algo que poderia nos preparar para voos mais altos na vida pós-universitária.

A faculdade que eu cursava tinha sua própria empresa júnior, a Projet. Fundada em 1999, é a mais antiga entre as ligadas à engenharia de produção no estado. Pouco a pouco, tinha se tornado conhecida e conceituada, funcionando como uma ponte entre o curso de graduação e o mercado de trabalho na área. Pois a Projet estava com processo seletivo aberto, percorrendo as salas de aula para apresentar a proposta e recrutar candidatos às vagas disponíveis, e a professora Tays convidou o pessoal a fazer uma apresentação para a minha turma. O que eu ouvi era como música; era tudo o que eu queria naquele momento da faculdade. Parecia simplesmente... sensacional.

Então tive outro pensamento: não vai dar porque eu sou cego.

Talvez você, leitor ou leitora, pare aqui neste trecho e pense: "Ué, mas e tudo o que você fez até chegar à Ufop? As viagens que fez sozinho até Linhares, o intercâmbio?!" Verdade. Além disso, eu estivera entre os primeiros classificados no vestibular e era um dos melhores alunos, tanto na turma de física quando na de engenharia de produção.

Ainda assim, eu achava que era incompetente só porque era cego.

O medo da incompetência era o que mais me assombrava naqueles dias. Depois da exposição sobre a Projet, passei um tempo matutando que aquela ideia era maneira; era o que eu queria na vida; mas não tinha como dar certo, porque, afinal, eu era cego. Eu podia mudar tudo na vida ("você tem escolha", dissera meu pai), exceto o fato de ser cego. Fiquei muito mal, cabisbaixo e calado durante dias. Então resolvi desabafar com a professora Tays. Terminada uma aula, ela ainda no púlpito dos professores, me aproximei, guiado pela voz dela, que ainda conversava com outros alunos, e comecei a falar daquele medo que eu nunca tivera coragem de expressar.

– Tays, eu adorei essa história de empresa júnior. Muito massa. Pena que não dá pra mim porque eu sou cego.

Eu não podia vê-la, claro, mas meus sentidos aguçados rapidamente captaram a fúria dela.

– Você está doido, Felipe? Não tem cabimento deixar de tentar por causa da cegueira. De onde você tirou essa ideia?

Fiquei pasmado. O esporro continuou. Quando ela enfim se calou, eu disse:

– Então tá. Eu vou até tentar. Mas se não der certo a culpa é sua.

Nem sei muito bem o que quis dizer com isso. Virei as costas e fui embora. Nos dias seguintes, cumpri rigorosamente as etapas do processo seletivo, mesmo sem grandes esperanças. Na sexta-feira em que sairia o resultado, eu viajaria para Linhares. Pedi ao Pinguim, da Copo, para passar na porta da Projet mais tarde e ver se meu nome constava da lista dos aprovados – havia cinquenta candidatos para onze vagas. Estava cochilando na poltrona do ônibus quando o celular tocou:

– Furado, você passou na Projet!

Pinguim estava tão eufórico quanto eu fiquei. Na minha cabeça, a aprovação no processo da Projet tinha um gosto especial de vitória: eu era capaz, mesmo sem ver. Isso me fez muito bem. Entre todas as minhas conquistas, de alguma maneira aquela ficou marcada como a primeira que dependeu única e exclusivamente de mim, desde o desejo de participar do processo seletivo até o esforço para a aprovação. Exclusivamente, não: teve o empurrão da professora Tays.

Os anos na Projet foram massa. Lá, desenvolvi boa parte da capacidade de liderança e de execução que me abriria tantas possibilidades nos anos seguintes.

Nascido na França em 1967, o Movimento Empresa Júnior chegou ao Brasil em 1987, com a fundação da primeira empresa ligada ao curso de administração da Fundação Getulio Vargas de São Paulo. Em nosso país, evoluiu até tornar-se rede. Em 2009, as federações dos estados definiram uma missão conjunta: formar empreendedores comprometidos e capazes de transformar o Brasil. Logo na primeira vez que a ouvi, essa frase me fisgou. Foi numa reunião da Federação das Empresas Juniores de Minas Gerais (Fejemg), onde havia uns duzentos fanáticos pelo movimento, o que me deixou intrigado na época; era paixão demais até mesmo para um apaixonado como eu. Eu já estava imerso no movimento, mas ali virou uma nova chave: "Essa história de 'transformar o Brasil' é comigo mesmo", pensei. Depois do banho de cultura da Copo Sujo, novamente eu encontrava um movimento de cultura forte, enraizada, que me capturou.

Nós, alunos, especialmente nas universidades federais, tínhamos aulas em horários diversos, de acordo com as disciplinas que escolhíamos. As empresas juniores, porém, funcionam o tempo todo, e posso dizer que a Projet ocupou boa parte do meu tempo livre. Minha turma de onze *trainees*

– era assim que nos chamavam – chegou à empresa júnior num momento de crise: não havia projetos contratados e, na prática, as coisas estavam meio paradas. Ou seja, além de entender como a Projet funcionava, tínhamos o desafio adicional de captar projetos. E eu, claro, lidava também com o desafio de não enxergar e, sendo assim, encontrar meu jeito de trabalhar ali. Para mim, embora não fosse impossível, era mais difícil executar uma planilha muito extensa de dados ou visitar uma empresa e tomar notas. Em compensação, eu era um cara muito bom de desenho de projeto, ou seja, de identificar os nós da empresa e propor o que fazer, e também de cuidar do gerenciamento interno.

Os anos 2011 e especialmente 2012 foram muito difíceis para a Projet. Até captamos projetos, mas, em 2012, uma greve de mais de quatro meses na universidade quebrou nossas asas. Naquele ano acabei assumindo a presidência, e até que me saí bem, encerrando o período com um faturamento de 12 mil reais, o que era bem razoável para uma empresa júnior.

No começo de 2013, estruturamos um projeto de 27 mil reais para uma mineradora da região. Era bastante complexo. Quando fiz a reunião com a empresa, me perguntaram se a Projet tinha familiaridade com otimização de tempo de processos. Bem, não tínhamos, mas eu sabia que poderíamos contar com os professores-mentores e disse, com a inocência dos 20 anos:

– Lógico que a gente conhece a área.

Menos de três semanas depois, nosso time entraria na mineradora para começar o trabalho. Convoquei uma reunião, expliquei o cenário e senti a cara de susto dos meninos, especialmente dos *trainees*.

– Furado, você tá ligado que a gente não sabe fazer isso – disse um deles.

– Tô ligado, sim, mas nós vamos aprender.

– Quanto tempo a gente tem para aprender? – continuou o *trainee*.

– Duas semanas até vocês entrarem na mina!

Os professores-mentores se entusiasmaram com a nossa garra e se engajaram no projeto. Deu tão certo que a mesma mineradora logo fechou mais dois trabalhos conosco. Talvez pelo êxito daquela empreitada, outras empresas começaram a nos procurar. Sei que em 2013 fizemos cerca de uma dúzia de projetos robustos. O que não sabíamos fazer, aprendíamos. Até hoje não sei se esse era o melhor jeito de conduzir a situação, mas de alguma forma... funcionou.

A Projet fechou aquele ano com um faturamento de quase 180 mil reais, fenomenal se compararmos com os 12 mil de faturamento do ano anterior. No primeiro momento, esse dinheiro se acumulou no caixa da empresa e depois foi utilizado para capacitação dos membros, que fazem cursos e treinamentos. Eu estava completamente apaixonado pelo trabalho.

Ao longo da faculdade, os projetos dos nossos "clientes" muitas vezes ocupavam tanto do nosso tempo que os estudos ficavam em segundo plano. Algumas pessoas do time tiveram dificuldade em conciliar o curso e as atividades na Projet – de tão envolventes que estas eram. Comigo deu tudo certo e ainda me aproximei das outras instâncias do

Movimento Empresa Júnior. Hoje são mais de mil empresas espalhadas por todo o país, organizadas em federações estaduais e na confederação nacional, que se chama Brasil Júnior. Durante a minha gestão, a Projet se filiou à Fejemg, um passo importante porque garantia o cumprimento estrito das regras que regem as empresas juniores.

Nos anos seguintes, me candidatei à presidência do Conselho da Fejemg e, mais tarde, da própria Brasil Júnior, em nível nacional. Eleito nas duas instâncias, tive aprendizados de gestão de equipes e de negociação que se revelaram vitais para a carreira na política que, àquela altura, eu nem imaginava que abraçaria.

IX. A vida de *COACH*

Para além do preparo para a política, o Movimento Empresa Júnior também me aproximou do empreendedorismo e despertou em mim uma atitude mais proativa e corajosa. Passei a confiar mais na minha capacidade emocional de cumprir os desafios que se apresentavam.

Um desses desafios foi começar a fazer palestras sobre a minha vida e a minha história.

Não sou um cara atirado ou extrovertido e, como já escrevi, tenho alguma dificuldade de adaptação a ambientes novos. Em junho de 2013, disposto a trabalhar esse ponto, fiz um curso que se chamava na época Laboratório Estudar. Era um programa elaborado pela Fundação Estudar, organização de estímulo à educação, sem fins lucrativos, criada por Jorge Paulo Lemann, Marcel Telles e Beto Sicupira. O objetivo do Laboratório era formar lideranças, e o programa era aplicado em dois fins de semana espaçados. Foi lá que tomei impulso para me candidatar à presidência do Conselho da Fejemg. Foi também onde conheci Darlan Coelho, outro jovem líder em formação. Nós nos tornamos amigos e ele se encantou com a minha história.

Um dia, Darlan propôs que eu fosse com ele a João Monlevade, município de 80 mil habitantes no interior de Minas, para dar uma palestra na faculdade onde ele era presidente do DCE – um campus da própria Ufop.

Minha primeira reação foi congelar. Eu sempre tive o sonho de dar palestras, porque algo sempre acontecia dentro de mim quando assistia a uma boa apresentação e também porque, na minha visão, o palestrante era uma pessoa sábia, com conhecimento profundo do assunto que abordava. Mas eu morria de medo. Aos 22 anos, porém, eu não tinha ainda a capacidade de falar em público que desenvolvi com o tempo. Além do mais, Darlan queria que eu falasse sobre a minha vida, o que me pareceu ainda mais difícil. Mas eu não estava ali para vencer desafios? Ora, estava dentro.

Assisti a muitas palestras para refletir sobre o melhor formato para a minha, que ficou marcada para o dia 7 de novembro de 2013 no auditório da faculdade. Darlan me "vendeu" como um cara realizador, que tinha sido presidente de empresa júnior, aumentando em muitas vezes o faturamento do "negócio", e acabara de ser eleito presidente do Conselho da Fejemg. Com essa conversa, conseguiu atrair cerca de duzentas pessoas, a maioria estudantes de engenharia.

Eu estava tenso. Um dos meus maiores medos era ficar de costas para a plateia. Enquanto falamos, nos movimentamos de maneira natural, e meu receio era de ficar virado e ninguém me alertar – as pessoas, em geral, não têm coragem de avisar. O que fiz? Descobri que, no nível do público, havia uma mesinha e um retroprojetor que serviria aos demais palestrantes do dia. Pedi para fazer a palestra ali embaixo em vez de no palco, encostei na mesinha e não descolei dela, usando-a como referencial para me manter de frente para a audiência.

Resolvido esse problema inicial, comecei a falar de mim tal como tinha me preparado. Eu me emocionei muito. Hoje em dia já contei tantas vezes a minha história que, de certa forma, me "distanciei" dela e consigo narrá-la com objetividade, mas nesta, e pelo menos nas cinquenta palestras que se seguiram, fiquei profundamente tocado com a intensidade da minha trajetória. O momento mais pungente, para mim, sempre foi contar sobre o dia em que meu pai falou que eu tinha escolha. Ou da primeira viagem sozinho para Linhares, aquela em que surpreendi minha mãe na floricultura. Naquele dia em João Monlevade, o público era muito acolhedor e eu me senti bem, muito bem. Foram quarenta minutos de palestra e, ao final, assim me contaram, fui aplaudido de pé. Eu me senti um *pop star*.

Houve ainda dois acontecimentos marcantes em 2013, um ano recheado de marcos e superações para mim.

Primeiro, eu, que já andava interessado no assunto, fiz um curso na Sociedade Brasileira de Coaching, decidido a me tornar *coach*. Estava terminando a faculdade e percebi que, no fundo, eu jamais seria o engenheiro clássico. A parte de que eu mais gostava na engenharia de produção era a gerencial: lidar com pessoas e processos de decisão. Li bastante sobre a carreira de *coaching* – hoje injusta e infelizmente banalizada – e acreditei que seria o complemento ideal para o tipo de profissional que eu planejava me tornar. Descobri, resumidamente, que *coaching* nada mais é do que um processo de segmentação de problemas, tomada de decisões e ações para resolver pendências e alcançar metas. Graças a esse curso, me tornei uma pessoa mais ativa, organizada, e ajustei meu foco para *o que é possível fazer, de fato*, em cada situação. O *coaching* foi a minha profissão por quase três anos e me trouxe grandes alegrias e aprendizados.

O outro foi ter me apaixonado profundamente por uma mulher e iniciado meu primeiro relacionamento sério.

Júlia e eu fazíamos o mesmo curso na Ufop. Ela também se juntou à Projet e, mais tarde, trabalhou comigo na presidência do conselho da Fejemg. Nós nos encontrávamos quase todo dia, mas demoramos quase seis meses para ficar juntos pela primeira vez, quando fomos a um barzinho. Mesmo sendo meio ruim nisso, me declarei com flores e começamos a namorar, apesar da oposição dos pais dela – algo que demorei a elaborar e que, com o tempo, entendi que se devia ao fato de eu ser cego. Talvez achassem que eu seria um cara dependente e atrapalharia o futuro da filha.

Foi a experiência de rejeição mais difícil da minha vida. Porque eu não tinha controle sobre o fato de ser cego.

Estávamos apaixonados demais para que isso nos afastasse, e a convivência fez a família perceber que eu não apenas tinha um bom grau de independência, como ainda fazia um bem enorme para a Júlia, tanto quanto ela para mim. Superamos, juntos, os obstáculos e hoje me orgulho de dizer que tenho com toda a família uma amizade forte e verdadeira.

Ficamos juntos por cerca de três anos e meio, rompendo amigavelmente em março de 2018 para preservar a qualidade da relação que tínhamos construído até ali. De um lado havia o desgaste natural de tanto tempo de namoro. De outro, minha mudança para o Reino Unido, em 2017, algo que vou relatar mais adiante, nos afastou de um jeito irremediável. Rompemos com muita dor e foi difícil demais para mim, certamente para ela também, mas tivemos um relacionamento bonito e, no que me diz respeito, transformador. Júlia é uma mulher especial – continua sendo, ainda que não estejamos mais juntos.

Quando terminei a faculdade, em meados de 2014, passei alguns meses ainda em Ouro Preto, tempo necessário para concluir minha gestão na Fejemg, que se estenderia por seis meses, e para planejar os próximos passos. Foi lá que tive meus primeiros clientes como *coach*, quando ainda estava em treinamento – colegas da Projet a quem oferecia meus serviços *pro bono*. No primeiro semestre, tive uns dez clientes (*coachees*), e no segundo fiz meu primeiro trabalho remunerado na área. Decidi que era hora de voltar a Linhares e, uma vez lá, abrir uma empresa de *coaching* para consolidar meu nome nessa área.

Paralelamente, organizava minha atuação na Brasil Júnior, para a qual acabara de ser eleito. Na presidência executiva estava Victor Casagrande, capixaba como eu, filho do atual governador do Espírito Santo (2019-2022), Renato Casagrande, que se tornaria um amigo inestimável e um grande conselheiro de vida – ele é quem me diria, anos mais tarde, que estávamos eleitos. Conosco estavam Yuri Pomarole, vice-presidente, Ianna Brandão, diretora de desenvolvimento, e Salime Saad, diretora administrativa e financeira, além de Pedro Rio, incumbido da comunicação, que anos depois viria a trabalhar na minha campanha à Câmara dos Deputados. Era um time de feras e juntos vivemos um 2015 de grande intensidade.

Fizemos muita coisa. Instituímos em São Paulo, cidade onde vivia a maior parte dos diretores, a Casa Brasil Júnior, uma espécie de sede da diretoria. Lançamos vários programas de desenvolvimento e de comunicação e expandimos a rede de 230 empresas juniores para 310 no fim do ano, congregando mais de 10 mil pessoas. Viajamos pelo Brasil inteiro, empenhados em convencer os simpatizantes do movimento da importância de consolidá-lo. Cumprimos todas as metas do nosso ano, tanto de número de projetos quanto de faturamento. Esse resultado me ensinou muito sobre quão poderoso é haver um grupo de pessoas organizadas em torno do mesmo propósito. Era gente de todo lugar, de todas as raças, credos e posicionamentos políticos, lutando pelo mesmo sonho: um país mais empreendedor. Sonho que se realizaria por meio da formação de empreendedores comprometidos e capazes de transformar o Brasil.

Em janeiro de 2016, após a posse da nova diretoria, eu deixaria o movimento, mas ele jamais me deixou.

X. Nasce um político

No começo de 2016 eu já morava em Linhares, instalado na casa dos meus pais, e tentava decolar como *coach*. Voltar à casa da minha infância e adolescência era confortável, ainda que de vez em quando meus pais e eu nos desentendêssemos (o que era mais do que natural depois de quase seis anos morando separados). Revia velhos amigos, desfrutava das lagoas da cidade nos fins de semana e me sentia acolhido. Ao mesmo tempo, estava começando um negócio próprio e enfrentando meus fantasmas e minha insegurança na hora de vender meu trabalho. Além disso, já não era mais tão próximo das pessoas em Linhares, o que dificultava essa "venda". Também sentia uma falta imensa da Júlia e do convívio com os amigos de Ouro Preto (para não falar das festas). No processo de reintegração à minha cidade ajudou muito eu ter me ligado a um movimento chamado

Aliança Jovem, de empresários começando a vida, filhos de gente local que se reuniam para debater o desenvolvimento de Linhares. Foi ali, entre reflexões individuais, a saída da Brasil Júnior e as conversas da Aliança Jovem que comecei a flertar com a ideia de me tornar um político.

De certa forma, o trabalho como *coach* estava na raiz dessa ideia. Havia feito alguns cursos, pouco a pouco ia conquistando clientes que apreciavam meu trabalho e eu gostava da missão de ajudar as pessoas a tomar as melhores decisões, executar o que ficou decidido e correr atrás de uma vida melhor. Depois de um tempo fazendo isso, porém, comecei a me sentir insatisfeito. Examinei minhas razões e entendi o que faltava.

Faltava escala. Eu até conseguia gerar impacto na vida das pessoas que acompanhava, mas era um impacto restrito, e eu queria ir além. O mais importante, no entanto, foi perceber que os resultados eram muito diferentes, ainda que meus clientes tivessem o mesmo *coach* e se comprometessem com o mesmo empenho na execução de suas decisões. Por que, sob as mesmas condições, algumas pessoas se saíam tão melhor?

Curioso, fui estudar caso a caso, comparando histórias e trajetórias. E entendi: o divisor de águas era o ambiente – não físico; o ambiente social, familiar, cultural. Oportunidades diferentes geravam resultados diferentes na vida daquelas pessoas. Se houvesse uma maneira de melhorar o ambiente onde viviam e oferecer boas oportunidades no campo da educação e do emprego, aí, sim, seria possível dar escala ao meu propósito de ajudá-las a viver bem.

Naquele momento, caiu a ficha de que o fator capaz de mudar as oportunidades no país é a política.

Como sentimos na carne ao longo dos anos 2020 e 2021, com a pandemia de Covid-19 correndo solta no país, as decisões que os políticos tomam, ou deixam de tomar, influenciam absolutamente tudo o que ocorre na sociedade. A política pode atrapalhar ou ajudar. Melhor que ajude. Se eu me tornasse um político, talvez pudesse trabalhar contra o que considerava ruim e a favor de boas oportunidades para todos. Hoje entendo que minha fase como *coach* foi, na verdade, uma transição para aquilo que eu realmente queria fazer da vida. O que faço hoje.

Entrar na política, porém, não era uma decisão fácil, mesmo para alguém como eu, que vivia de ajudar outras pessoas a decidir.

No início de 2016, esse era o grande assunto entre mim e Victor Casagrande. Meu amigo e eu acreditávamos que a política precisava mudar. E que talvez, quem sabe, um dia nós nos envolvêssemos nela.

Enquanto eu pensava no assunto, meu pai, em Linhares, punha a mão na massa: juntou-se a um grupo de cidadãos e assumiu o diretório do PSDB na cidade, disposto a impedir a reeleição de Nozinho Correia (PDT), prefeito à época, que vinha fazendo uma gestão desastrosa. Meu pai e seu grupo desejavam construir uma "quarta" via, cansados da alternância de poder entre os mesmos candidatos – o próprio Nozinho, Guerino Zanon (MDB), herdeiro de uma dinastia política local, e José Carlos Elias (PTB). Esses três vinham se revezando no Executivo municipal fazia trinta anos, sem resultados expressivos para a cidade. Na impossibilidade de criar uma chapa com chances reais, meu pai e seus aliados acabaram apoiando Guerino, que de fato saiu vitorioso das urnas em 2016 e em 2021 iniciou seu quinto mandato.

Já de olho nos caminhos da política, comecei a participar de tudo com meu pai. Ia às reuniões, dava palpites no programa do candidato, ouvia com a maior atenção. Aquele mundo me fascinou. As poucas dúvidas que eu ainda tinha se evaporaram. Um dia, falei para o meu pai que queria me candidatar a vereador.

Ele não gostou nada da ideia, e eu entendia esse sentimento.

Em 1989, no ano da redemocratização brasileira, ele se candidatou pelo PFL e foi eleito vereador. Era um trabalho perigoso na época – um amigo, vereador como ele, foi assassinado em uma situação que sugeria conexões com a política. Meu pai concluiu que política não era para ele e, mesmo sendo uma pessoa articulada e muito conhecida em Linhares, se afastou ao término do mandato. Embora estivesse trabalhando pela candidatura de Zanon em 2016, algo que ele acreditava ser a alternativa menos ruim para o progresso da cidade, a última coisa que ele queria era que o próprio filho fosse candidato. Ainda mais naquele momento, em que havia acabado de lançar um novo produto de treinamento como *coach*, que batizei de "Bússola". Eu começava a deslanchar.

– Meu filho, você está voando na carreira de *coach* – exagerou ele. – Pode ser muito bem-sucedido, e política, você sabe, é um negócio meio ingrato. – Fez uma pausa antes de prosseguir: – Muita coisa ruim acontece.

Eu sabia que ele se recordava do amigo morto, mas eu não podia mais desistir. Tinha encasquetado, e quem me conhece sabe que, quando uma oportunidade que faz sentido se instala na minha mente, não consigo pensar em outro assunto. Fico tomado por ela, de um jeito irreversível, minha vontade com a força de um furacão.

– Pai, é isso mesmo que eu quero. Não sei se conseguiria fazer outra coisa.

Ele me conhece.

– Bem, se você realmente quer, nós vamos te apoiar.

Não foi assim tão simples, nem fácil: tivemos outras conversas duríssimas, e em muitas delas minha mãe também participou, igualmente preocupada. Algumas vezes, ao final de uma discussão, meus pais me convenciam a refletir sobre determinado ponto para retomarmos o assunto depois. Eu obedecia, mas não mudava de opinião. Foram tantos confrontos que, se me tivessem dito que meu pai seria meu maior apoiador quando me candidatei a deputado federal, em 2018, naquele momento eu talvez duvidasse.

As dificuldades não vinham apenas dos nossos embates. No dia 20 de junho de 2016, a principal empresa da nossa família, uma loja de material elétrico chamada Ponto de Luz, pegou fogo. As investigações da seguradora indicaram que tudo começou com uma falha no capacitor de uma lâmpada da placa luminosa, que explodiu, embora ainda estivesse na garantia. Como a loja toda era pré-moldada e havia muitos produtos em caixas de papelão, o incêndio logo ganhou grande proporção. Ninguém se feriu, mas o estoque inteiro ardeu até o fim. Perdemos tudo.

Mesmo tocado pelo grande prejuízo que tivemos, não desisti de convencer meus pais a apoiar minha candidatura. Foi um período muito conturbado, e a situação só se acalmou no fim de julho, em boa parte graças a um dos melhores amigos de meu pai, Luciano Durão, que interveio em meu favor e me ajudou no trabalho de persuasão. Lancei minha candidatura pelo PSDB, partido que minha família apoiava na época.

Em retrospecto, foi uma experiência muito interessante. Eu não tinha ideia de como seria uma campanha eleitoral na minha cidade, de porte médio, com pouco mais de 170 mil habitantes. Nem meu pai, que havia se candidatado muito tempo antes, quando tudo era bem diferente. No fim das contas, minha campanha se resumiu a meu pai e eu rodando pela cidade, de carro ou a pé, falando com os eleitores, um a um, com estrutura zero. Ele declarou o próprio carro como doação de campanha, o que nos permitia circular sem burlar a lei eleitoral.

A vida inteira impliquei com santinhos de campanha, uma prática tosca, que emporcalha as cidades e a mim parecia não ter grande serventia. "Mas... e se fosse um 'santão'?", pensei. Encomendei a uma gráfica da cidade um folheto quatro vezes maior do que o santinho habitual. No verso, escrevi minhas propostas para os eixos em que eu planejava atuar mais fortemente: a política fiscal, a educação e a desburocratização, um esboço do que viria a ser minha plataforma de atuação como deputado federal. Na parte fiscal, eu me dispunha a colaborar para o equilíbrio das contas do município, de modo que sobrasse dinheiro para investir. No campo educacional, enfatizava a importância da educação continuada para professores. Em relação a desburocratizar, eu trabalharia para facilitar a criação e a gestão das empresas, uma área que eu conhecia bem desde os tempos da Brasil Júnior.

Em vez de distribuir de mão em mão e arriscar ver meu "santão" no lixo, mandei para a casa das pessoas pelo correio, um por residência. Muita gente postou a iniciativa em suas redes sociais, elogiando a novidade e me agradecendo por não ter atulhado as ruas com papelada inútil. Na véspera da eleição eu não podia estar mais confiante.

Minha campanha a vereador custou pouco mais de 8 mil reais. Tive 1.156 votos. Não era um mau resultado: fui o 14º mais votado, com desempenho melhor do que dois eleitos. O problema é que meu partido não obteve votos suficientes para eleger ninguém.

Aos 25 anos, eu nunca tinha perdido nada na vida. Claro, eu havia perdido a visão e isso obviamente fora terrível, mas todas as minhas iniciativas até aquele momento, em todos os campos, tinham sido bem-sucedidas. Sempre fui excelente aluno; se tirei duas notas abaixo da média na vida foi muito. Tinha entrado na concorrida Federal de Ouro Preto e acabei aceito numa república de estudantes com fama de exigente. Era um *coach* elogiado e um bom gestor na Brasil Júnior. Quando saiu a lista dos eleitos e eu não fazia parte dela, adoeci, com uma gripe forte que me derrubou durante três semanas. Não conseguia trabalhar direito, tentando de todas as maneiras assimilar a porrada.

Refletindo sobre o que aconteceu, entendi que estava confiante na minha eleição com base em absolutamente nada.

As pessoas soavam calorosas quando eu fazia campanha com meu pai, me marcavam no Facebook, mas isso, na prática, não significava coisa alguma. Foi um baque e, ao mesmo tempo, uma das melhores coisas que me aconteceram. Se hoje sou deputado federal, devo muito ao que aprendi com essa derrota. Eu me tornei muito mais cuidadoso com minhas iniciativas; não queria passar por isso de novo.

Seja como for, entendo que tudo acontece quando tem de acontecer. Se eu tivesse sido eleito em 2016, seria uma voz solitária na Câmara de Vereadores de Linhares; naquele momento, eu já tinha algumas ideias que mais tarde apliquei na Câmara dos Deputados, mas que dificilmente seriam acolhidas em Linhares: fazer processo seletivo para escolher assessores, criar mecanismos para a população participar ativamente do meu mandato e estudar em profundidade cada tema antes de propor algo. Esse último ponto até parece óbvio, mas todos conhecemos vereadores que vivem de achismos, sem amor às evidências e aos fatos.

Hoje, em Brasília, posso afirmar que tenho um grupo que pensa parecido e que se envolveu comigo na implementação de várias daquelas medidas que já estavam na minha cabeça em 2016. Entre elas, a criação inédita de um gabinete compartilhado, no qual diversos parlamentares usam uma só estrutura de assessores; solução que economiza dinheiro público e produz informações de qualidade para amparar e desenvolver nossos projetos, como será detalhado mais adiante.

XI. Eu seria o Demolidor?

Fui processando minha derrota aos poucos, com alguma ajuda de amigos e mentores. Na época da Brasil Júnior, eu tinha me aproximado muito de uma *coach* que nos ajudava, Sandra Betti. Embora saiba que esse não é o papel do *coach*, eu sempre ligava para ela em busca de conselhos. Que ela me dava generosamente. Quando me recuperei da gripe pós-eleitoral e do baque de ter perdido, procurei-a e expliquei o que havia acontecido. Perguntei o que, na opinião dela, eu deveria fazer dali em diante.

– Furado, eu acho que você tem que estudar fora do Brasil. – Ela me chamava pelo apelido da época da faculdade.

Eu não esperava aquela resposta.

– Estudar o quê, Sandra?

– Acho que você tem de ir para o exterior estudar políticas públicas, essas coisas. Você não quer entrar na política? Então!

Saí daquela conversa profundamente impressionado. Levei o assunto à terapia e meu terapeuta achou uma doideira, mas depois passou a me incentivar. Comecei a pesquisar as possibilidades.

O primeiro curso que me veio à mente foi o mestrado em políticas públicas da Universidade Harvard, nos Estados Unidos, um dos mais conceituados do mundo, com dois anos de duração. O problema é que, àquela altura, novembro de 2016, já era tarde para me inscrever; a data final para a entrega de todos os documentos, incluindo o resultado de uma prova de proficiência em inglês que eu ainda teria de fazer, era 2 de dezembro. "Esquece", pensei. Passei uns três dias inconformado, até me ocorrer o seguinte: será que não haveria outra instituição que oferecesse o mesmo mestrado e recebesse inscrições até mais tarde?

Havia, no Reino Unido. Àquela altura, ainda era possível me inscrever em Oxford, na King's College e na London School of Economics, três escolas muito prestigiosas. Eu tinha uma franca preferência por Oxford. O prazo para enviar os papéis terminava em 20 de janeiro, com um tempo extra, até junho, para apresentar o teste de inglês.

Depois de muita pesquisa, e já com todas as informações em mãos, contei sobre meus planos de estudar em Oxford aos meus pais, a quem nada mais parecia surpreender. Dessa vez me apoiaram sem maiores restrições. Avisei-os de que precisaria especialmente do apoio deles, pois, para preparar os formulários todos e estudar, teria de abrir mão da maioria dos meus clientes de *coaching* e, portanto, de boa parte da minha renda. Mantive dois ou três trabalhos em andamento, apenas o suficiente para pagar algumas contas básicas.

Isolado em casa, estudando e atendendo pouco, vivi alguns meses de profunda ansiedade. Ansioso sempre fui, mas aquele período foi mais penoso que outros. Era muita incerteza reunida: seria aprovado? Se fosse, como seria viver em outro país sendo cego? Como arranjaria dinheiro? Uma coisa era fazer intercâmbio, sob a tutela de uma família que se responsabiliza pelos cuidados com o jovem estudante. Outra, bem diferente, era viver por conta própria no Reino Unido.

Em março de 2017, decidi passar alguns dias em Ouro Preto, hospedado na república que continuava sendo minha, a Copo Sujo. Mais do que espairecer, eu ia encontrar Júlia, com quem eu já namorava na época. Durante o dia, enquanto ela estudava, eu resolvia meus assuntos e aproveitava a companhia dos meus amigos. No dia 17, entrou um e-mail na minha caixa. O computador "leu" para mim: era de Oxford.

Meu coração disparou.

O computador continuou lendo. Eu tinha sido aprovado.

Na hierarquia das grandes alegrias que tive na vida, essa está entre as maiores. Comecei a pular e a gritar loucamente:

– Passei, passei!

Em casa só estava um morador, apelidado de Pelejado, que a princípio levou um susto, mas logo juntou dois e dois e veio até mim com a câmera do celular ligada, filmando a minha euforia. Eu fora aceito em Oxford. Foi muito, muito bom. Também fui admitido nas outras duas escolas, mas minha decisão estava tomada desde o começo.

No fim das contas, mais uma vez, foi como tinha de ser. Em retrospecto, se eu tivesse ido para Harvard, não teria me candidatado nas eleições de 2018 – a própria duração do mestrado me impediria. No esquema de Oxford, eu poderia voltar ao Brasil para executar aqui o projeto final do curso, que acabou sendo a minha candidatura – mas já voltarei a esse ponto. Quando fui eleito deputado federal me lembrei de uma frase do empreendedor Steve Jobs em seu célebre discurso aos formandos da Universidade Stanford, nos Estados Unidos, em 2005. "Só conseguimos conectar os pontos quando olhamos para trás", disse Jobs na ocasião. Ter ido para Oxford, um programa mais flexível, e não para Harvard, onde as condições de estudo eram mais convencionais, abriu as portas para a minha candidatura a deputado federal. Os pontos, enfim, se conectaram.

Faltava agora resolver a questão do financiamento. Mesmo vindo de uma família de classe média, eu sabia que meus pais não tinham como bancar minha estada no Reino Unido. Então, ao mesmo tempo em que submeti minha candidatura às três universidades inglesas, me inscrevi em algumas instituições para receber bolsas de estudo, entre elas a britânica Chevening, que financia gente do mundo inteiro, e, no Brasil, a Fundação Lemann, criada por Jorge Paulo Lemann, e a Fundação Estudar, onde eu fizera o Laboratório. Minhas esperanças se concentravam nas duas últimas, mas eu sabia que era uma prova de fogo. A cada ano cerca de 40 mil estudantes se inscrevem em cada uma delas e pouco mais de trinta são escolhidos. Fui vencendo etapas no processo seletivo até chegar à entrevista final da Fundação Estudar, famosa pela tensão e pela expectativa que provoca nos concorrentes. A conversa seria numa sexta-feira em São Paulo, na sede da Ambev, no bairro do Itaim Bibi. Cheguei na véspera e me hospedei na casa de Victor Casagrande. Victor conhecia um pouco do processo e propôs que treinássemos as perguntas possíveis e as melhores respostas. Achei a ideia boa.

Fomos para o terraço do prédio em que ele morava, onde havia uma piscina, abrimos uma cerveja e ficamos conversando. Além de me preparar para a sabatina, revelei meus planos para aquele amigo tão próximo – sim, eu já vinha planejando o que viria depois de Oxford. Falei que, concluído o mestrado, meu sonho era trabalhar no Programa das Nações Unidas para o Desenvolvimento (Pnud), o braço da ONU que atua com o objetivo de erradicar a pobreza no mundo. Explico: tenho paixão por matemática e por medições, e naquela época estava encantado com o poder dos indicadores. Adorava a máxima do estatístico norte-americano William Deming: "O que não pode ser medido não pode ser gerenciado." Tinha acabado de ler o último relatório do Índice de Desenvolvimento Humano, ou IDH, que é gerenciado pelo Pnud e, embora não seja perfeito, é um indicador muito bem construído. Foi assim que o programa das Nações Unidas entrou no meu radar. Na minha cabeça, estava tudo organizado: eu ficaria um tempo no Pnud, em algum lugar do planeta, e voltaria ao Brasil para ser candidato a deputado federal em 2022.

Victor ficou intrigado. Por que o Pnud? Que bagagem o programa me daria para atuar no Congresso Nacional em favor do nosso estado, o Espírito Santo? As perguntas dele me fizeram aterrar: de fato, não era um caminho natural para me preparar para o Legislativo. Rapidamente, ali mesmo, à beira da piscina, comecei a desenhar mentalmente outro plano. O mestrado em Oxford se desdobrava em quatro termos, quatro trimestres. No último, os alunos punham em prática um *summer project*, ou projeto de verão, necessariamente uma atividade ligada a políticas públicas. Coincidiria com o período de campanha para as eleições de 2018. Virei para Victor e falei devagar:

– Meu projeto de verão será a minha campanha a deputado federal.

Deve ter dado um nó na cabeça do Victor. Quando caiu a ficha, ele bateu forte com o pé no chão e me perguntou se aquilo era sério.

– É muito sério – respondi.

E foi assim que decidi me tornar candidato a deputado federal em 2018.

Minha decisão me deixou muito feliz. Lembro-me de que aquele foi um dia bom, o dia em que eu resolvi o que faria dali em diante. Obviamente não havia nada simples naquele projeto, pelo contrário: o caminho até eu me tornar candidato de fato, escolher um partido e me preparar para o cargo que eu pretendia exercer foi longo e cheio de obstáculos. Mas a decisão estava tomada. Eu me lembro: era 1º de junho de 2017.

No dia seguinte, o dia da entrevista final, escolhi uma camiseta polo e calça jeans, meu "uniforme" na época, e fui sozinho ao prédio da Fundação Estudar. Um funcionário me ciceroneou até a sala onde ocorriam as sabatinas. Éramos quatro candidatos a bolsistas diante dos membros do Conselho da Fundação, gente de peso: os próprios Jorge Paulo, Marcel e Beto, o presidente, Florian Bartunek, e o vice, Renato Mazzola. Todos pessoas muito bem-sucedidas na arte de selecionar outras pessoas, coisa que tinham feito a vida inteira.

Eu senti a pressão, mas não me assustei com as perguntas. Marcel Telles me perguntou que super-herói eu seria, caso pudesse escolher. Talvez esperassem que eu mencionasse o Demolidor, o advogado cego que à noite usa seus sentidos superaguçados para combater o crime, mas eu tinha outra resposta na ponta da língua: Batman. Perguntaram por quê.

– Porque ele não tem nenhum superpoder – respondi. – Usa apenas a inteligência e a tecnologia.

Outra pergunta instigante veio de Renato Mazzola. Ele pediu que eu refletisse sobre situações que tinha vivido e relatasse duas, uma que me levaria para o céu e outra que me condenaria ao inferno. Pensei um pouco antes de responder: a que me levaria para o céu seria minha capacidade de estudar; para o inferno, o relacionamento conturbado com minha mãe, com quem tive muitos conflitos em minha determinação de me tornar independente – o que compreendo e respeito, mas era preciso me impor. (E ela provavelmente sabe disso.)

Naquela entrevista, não falei nada sobre ser candidato em 2018, talvez porque naquele momento a ideia ainda parecesse surreal mesmo para mim.

Alguns dias depois, saiu o resultado da Fundação Estudar. Eu estava entre os poucos bolsistas escolhidos.

XII. Um liberal por evidências

A maior parte dos políticos começa a carreira em sua cidade natal – como eu mesmo havia tentado – e, ganhando experiência, tenta voos mais altos. Para mim, o caminho natural talvez fosse primeiro me candidatar à Assembleia Legislativa do meu estado, me familiarizando com os mecanismos do poder e das decisões. Mas eu estava convencido de que a minha história e o que eu queria fazer na política estavam alinhados com os trabalhos da Câmara dos Deputados. Seria uma candidatura de opinião, focada mais no que o país precisava do que nos problemas locais que são objeto de trabalho e interesse dos deputados estaduais. Seria também uma candidatura emocional, atrelada a tudo o que eu tinha vivido até aquele momento. Achava que podia mostrar às pessoas que já tinha lidado com situações tão adversas que certamente poderia utilizar meus aprendizados para fazer do Brasil um país melhor.

Eu sabia que seria difícil. Eu era um rapaz desconhecido, cego, do interior do Espírito Santo. O risco de que a candidatura desse em nada era enorme, independentemente do cargo. Então, por que não correr um risco alto?

O movimento Acredito me deu coragem para esse passo. Fundado em 2017 por um grupo de jovens progressistas, entre eles Tabata Amaral, que seria eleita em 2018 para o Congresso, e Renan Ferreirinha, que se tornou deputado estadual pelo Rio de Janeiro e hoje é secretário da Educação do município, o Acredito é suprapartidário e luta por um Brasil mais ético e desenvolvido, mais justo e menos desigual, sem privilégios. Cheguei ao movimento pelas mãos de um amigo de longa data, José Frederico Lyra Neto, que eu conhecia desde os tempos da Brasil Júnior, e tive uma afinidade imediata com as ideias do grupo, expressas num manifesto de cuja elaboração contribuí. Com Victor Casagrande, trabalhei para lançar o Acredito em meu estado.

Foi no Acredito que aprendi que políticas públicas têm de ser baseadas em evidências, respeitando os contextos locais, com participação popular e avaliação de resultados. Foi lá que aprendi que não adianta ter um Estado máximo ou mínimo: o Estado deve ser do tamanho necessário para atuar com eficiência. Ainda faço parte dos quadros do movimento, embora, com o tempo, tenha me tornado mais liberal que o próprio Acredito. É um grupo que acredita (o nome não é por acaso) em um país melhor e tem propostas para que isso se torne realidade

Em longas conversas, com Victor e com outros interlocutores, fui lapidando as *minhas* propostas de campanha. Elas se tornaram os eixos do meu mandato e – por que não? – do projeto que desejo para o Brasil. Rememorando: em primeiro lugar, eu defendia a **necessidade de um Estado eficiente e inovador**, que realmente funcionasse, que entregasse resultado para as pessoas. Nesse eixo, trabalharia pelas reformas da Previdência, administrativa, política e tributária, que precisariam avançar enormemente nos próximos anos. O segundo eixo da minha campanha seria a **melhoria da educação básica** a fim de promover a igualdade de oportunidades com que eu tanto sonhava desde aquele dia em que percebi que isso é que faria a diferença. O terceiro eixo era o da **economia competitiva**, e nele, a meu ver, seria fundamental abordar questões de desburocratização e infraestrutura, abertura comercial e apoio consistente às áreas de ciência e tecnologia. Por fim, mas não menos importante, precisaríamos melhorar a **proteção aos vulneráveis**, com um olhar mais abrangente para as políticas de assistência social do país.

Naturalmente, quando a candidatura se viabilizou, recebi muitas críticas por pular etapas tão cristalizadas na política. Parecia pretensioso que, depois de uma candidatura fracassada a vereador de cidade média, eu mirasse a capital federal. Ao mesmo tempo, era a única que fazia sentido, e aos poucos fui convencendo quem poderia me alavancar nessa trajetória a me apoiar. Minha amizade com Victor e com seu pai, Renato, governador do Espírito Santo entre 2010-2014 e novamente eleito em 2018, me aproximaram do Partido Socialista Brasileiro (PSB), que tinha assinado as chamadas "cartas de independência" com o movimento Acredito. Essas cartas asseguravam aos filiados uma atuação independente caso eleitos, desobrigando-os de votar em bloco com o partido, o que me interessava já naquela época. Eu me filiei ao partido em abril de 2018. Sabia que no meio do ano, quando as chapas são formadas, muitos aspirantes a candidatos acabam descartados por não serem conhecidos no mundo político, mas confiava que a minha seguiria firme. Como de fato aconteceu.

Eu me defino como um liberal quando se trata da condução da economia do país, e nisso não me alinhava ao espírito de uma agremiação política que tinha a palavra "socialista" no nome. Minha filiação ao PSB foi uma questão circunstancial. Na época, eu acreditava que o partido era a cara de Eduardo Campos, o ex-governador de Pernambuco, candidato à Presidência da República em 2014 e tragicamente morto num acidente de avião em Santos, no litoral paulista, naquele mesmo ano. Ou do próprio Renato Casagrande, em consonância com suas ações à frente do governo capixaba até 2014. A meu ver, ambos, cada um em seu momento, sinalizavam um partido mais ao centro do que à esquerda do espectro político, conscientes de que o mundo evoluiu e de que a economia precisa ser mais flexível para acompanhar os novos tempos.

Como muitos, eu já fui uma pessoa muito mais à esquerda no espectro político do que sou hoje, especialmente na época da faculdade. Eu tinha, claro, professores de esquerda – lembro-me de alguns que, em 2014, faziam campanha pela reeleição da então candidata petista Dilma Rousseff e falavam com os estudantes, um a um. Havia também professores comedidos, que não alardeavam seu posicionamento político. Confesso, porém, que meu flerte com a esquerda naquela época foi influenciado mais por leituras do que por colegas ou professores. Mais jovem, lembro-me de assistir com admiração a palestras de Ciro Gomes, o ex-governador do Ceará, com suas teses que hoje me soam pouco consistentes, mas na época não entendia dessa maneira. Havia algo de encantador em ouvi-lo falar, com suas certezas absolutas de como o mundo funcionava. Levou um tempo até eu perceber que ele encantava, sim, mas também defendia conceitos e propostas equivocadas – ainda que tivesse sido um bom governador, com feitos interessantes.

No entanto, mesmo na época da Federal de Ouro Preto, eu estava politicamente "dividido". Essa divisão advinha da minha participação no Movimento Empresa Júnior, que cultua o protagonismo das pessoas, sua força para empreender e solucionar problemas independentemente do Estado. Eu mesmo vinha de uma família de empresários que, por anos a fio, votaram nos candidatos do PSDB.

Foi durante a minha temporada em Oxford que estudei em profundidade e me tornei um adepto dos conceitos fundamentais do liberalismo. Nas minhas aulas e leituras, compreendi que o liberalismo era o sistema de ordenamento da economia mais capaz de gerar riqueza e bem-estar para o maior número de pessoas – uma perspectiva embasada no fato singelo de que os países mais prósperos e de maior renda *per capita* do mundo são economias de mercado.

Naturalmente, o livre mercado tem falhas, e o Estado pode e deve atuar para corrigi-las por meio de regulações simples, claras e uniformes, válidas para todos. No mais, é preciso deixar a economia rodar, e ela deslanchará como motor de crescimento de uma nação. Não faltavam exemplos de sucesso, da Alemanha pós-guerra, que liberalizou a economia para se recuperar, aos países nórdicos, que, apesar de terem uma enorme carga tributária, ocupam sempre as primeiras posições quando se trata de liberdade econômica. Para mim estava tudo muito claro. Eu me tornei liberal por evidências. Vi o restante dar errado.

Aprofundando essa reflexão, me vejo hoje como um liberal por inteiro: na economia, nos costumes, nas políticas sociais. Tenho claro que, em algumas situações, é preciso complementar o funcionamento da economia de mercado com políticas públicas consistentes e fundamentadas nas melhores práticas. Em um país como o Brasil, o combate à desigualdade tem de ser uma prioridade. Penso que a melhor estratégia para esse fim é uma combinação de medidas em favor da igualdade de oportunidades, como um ensino profissional acessível e de qualidade, com medidas eficazes para reduzir a pobreza, como projetos bem formulados de renda mínima. O combate à desigualdade, é preciso dizer, passa também pela eliminação de privilégios e subsídios injustificáveis, sempre à custa dos impostos que todos nós, e especialmente os mais pobres, pagamos.

Em paralelo ao combate à desigualdade, temos de pensar sobre como o país pode prosperar, criando empregos e bem-estar. Nossas lideranças, inclusive nos partidos de esquerda, precisam refletir sobre os fatores que comprovadamente são capazes de elevar a renda dos cidadãos. Que políticas deram certo em outros países, hoje mais desenvolvidos? A atuação de alguns parlamentares às vezes vai na contramão desse raciocínio. Defendem medidas que dificultam o caminho para a prosperidade. Parecem mais preocupados em garantir vantagens a determinados grupos, inclusive da elite, do que em assegurar a igualdade de oportunidades para todos, especialmente para os mais pobres.

A igualdade de oportunidades é um fator motriz da prosperidade. O que não quer dizer que o Estado não deva atuar para garantir as condições mínimas de vida, por meio de programas de renda mínima. O grande economista liberal Milton Friedman, prêmio Nobel de Economia em 1976 e um dos expoentes da Escola de Chicago, se notabilizou por pensar em políticas públicas da perspectiva do livre mercado. Friedman já falava em conceder um valor aos muito pobres a fim de que tivessem condições dignas mínimas – e o que ele chamava de "imposto negativo", uma forma mais sofisticada de garantir uma renda básica para o cidadão, minimizando os efeitos negativos do mercado de trabalho.

A abundância de oportunidades a que me refiro está ligada a dois contextos. O primeiro, o da liberdade econômica, abre terreno para a geração contínua de novos negócios, empreendimentos, empregos e riqueza. O segundo é o de serviços públicos de qualidade, sobretudo nas áreas de educação e saúde. Não é preciso que sejam serviços estatizados – e sobre isso escreverei adiante. O importante é assegurar a qualidade. Se você acompanhou a minha linha de raciocínio até aqui, não vai estranhar que na minha concepção liberal haja um lugar de destaque para o SUS, um sistema de saúde bem desenhado, ainda que, por vezes, mal gerido. Defendo um SUS que assegure o acesso dos mais pobres a um atendimento médico de qualidade. Os melhores sistemas de saúde do mundo ficam na Inglaterra e no Canadá, e são públicos. Saúde e educação públicas de qualidade, não necessariamente estatais, funcionam como garantia do fluxo de oportunidades e, portanto, atuam para diminuir a desigualdade.

Acredito que algumas pessoas que demonizam o liberalismo não compreendem que, na sua essência, ele se preocupa com o combate à pobreza, aos privilégios e à transferência de recursos públicos para elites fisiológicas. A política fez de mim um liberal ainda mais aguerrido. Nós, liberais, acreditamos em um Estado com poucas atribuições, as quais deve cumprir bem. Estados tentaculares são portas abertas para a corrupção. Qualquer pessoa que já tenha precisado de algum serviço do Estado no Brasil sabe como pode ser difícil obter o que se deseja. Com algumas exceções, o nosso serviço público não está organizado de modo a atender aos interesses da população. A maior parte dos funcionários públicos é dedicada e competente, mas todos sabemos que também existem os ineptos e corruptos, ou aqueles indicados por um político inepto ou corrupto. É lógico que também existe indicação de gente honesta, mas o simples fato de ter havido um "QI", ou "quem indica", já contribui para um serviço menos eficiente.

Quanto mais eu aprendia com a política e tomava conhecimento das diversas formas de corrupção – das mais comezinhas às escancaradas, como o "Petrolão" –, mais ficava inconformado, e quanto mais inconformado, mais liberal me tornava. Hoje acredito que o Estado deve ser regulador e não produtor. O governo não deve ser proprietário de empresas.

Por que existe tanta corrupção no Brasil? Porque indivíduos encontram espaço para praticar a corrupção. Se os Correios ou a Petrobras, para citar dois exemplos, fossem empresas privadas, certamente haveria menos corrupção nas suas operações. Se o Estado regula corretamente o serviço de correios, pode oferecer concessões para empresas privadas exercerem a atividade, desde que o concessionário garanta entregas em todo o território nacional. Vale lembrar que somente com agências reguladoras ativas, justas e eficazes conseguiremos fortalecer a concorrência, que é a alma do liberalismo. Quanto mais concorrência, melhor para o cidadão, que encontrará serviços e produtos melhores a preços menores.

A regulação das concessões à iniciativa privada deve ser clara, harmônica e horizontal, e esse deve ser o foco da atividade do Estado no âmbito da economia. No entanto, entendo que possa ser necessária a intervenção do Estado em algumas situações específicas.

A primeira delas é quando não há competição. Para além da oferta de produtos e serviços melhores e mais baratos, a concorrência tem uma relação direta com a redução da desigualdade. Quanto mais concorrência, mais empresas, mais pessoas trabalhando, mais distribuição de renda. No caso dos monopólios ou oligopólios, quem aufere os lucros são sempre uns poucos poderosos. Num cenário de concorrência vibrante, o lucro beneficia mais pessoas e as oportunidades são mais bem distribuídas.

O livre mercado depende da competição perfeita, mas não só: ele também precisa da *informação* perfeita, ou seja, todos os participantes da cadeia, fornecedores, produtores e consumidores, devem ter acesso aos dados para atuar com eficiência. Quando a informação não chega a todos que necessitam dela, o Estado pode e deve intervir.

Um exemplo muito claro é a questão do *open banking*, sistema que o Banco Central está implementando no país para quebrar o oligopólio das cinco grandes instituições que hoje detêm a maioria dos dados dos cidadãos brasileiros. Com essa ferramenta, que abre as informações bancárias e de consumo das pessoas (desde que elas autorizem), bancos menores podem oferecer serviços melhores e mais baratos. De novo, teremos concorrência e quem ganha é o consumidor.

Outra situação em que o governo, a meu ver, pode e deve intervir é quando se tem um monopólio natural, nome que se dá ao cenário em que um único ator tem condições de ofertar determinado serviço, afastando "naturalmente" seus competidores. Uma estrada em um lugar remoto, um aeroporto importante para certa região, mas dificilmente lucrativo: os monopólios naturais quase sempre são obras de infraestrutura com custos altos que não despertam o interesse do setor privado.

Um dos segmentos em que a colaboração entre os setores público e privado pode gerar os melhores resultados, produzindo renda e riqueza, é o da infraestrutura, até por causa da absoluta falta de recursos para esses investimentos no orçamento federal. Em circunstâncias excepcionais, algumas obras podem ser construídas pelo setor público e concedidas à iniciativa privada. Não acredito que o governo precise gerenciar aeroportos, hidrelétricas, ferrovias, portos e rodovias – ele pode criar concessões e, com a regulação afiada, ganhar em eficiência. Um grande programa de concessões e privatizações no segmento da infraestrutura é essencial para ampliar a nossa capacidade logística, reduzir o Custo Brasil e, por consequência, aumentar a nossa competitividade.

Por fim, faz todo sentido, mesmo para um liberal convicto como eu, que o governo intervenha em momentos de crise, como durante a pandemia, ainda que contraindo dívidas. Injetar dinheiro na economia pode ser importante até para salvar empresas, de tal modo que elas continuem em pé no pós-crise. Mas, quando isso acontece, é importante que seja temporário e que, depois da crise, voltemos ao sistema de livre mercado e concorrência.

Se o governo tiver de intervir na economia, que seja para promover a competição – para que o livre mercado possa imperar de fato.

Nos costumes sempre me considerei um liberal. Nunca me opus ao casamento entre homossexuais, por exemplo, por achar que não tenho nada a ver com a vida privada de ninguém, seja dos gays, seja dos heterossexuais. Mais do que respeitar, porém, creio que a diversidade de orientação sexual, de credo religioso, de raça, origem – que o diverso, de modo geral – deve ser celebrada. A diversidade é vital, é oxigênio para um mundo melhor, mais livre, mais plural e mais feliz.

Nesse aspecto, não existe no Brasil um partido liberal por inteiro. Mesmo o Novo, que se define como tal, só se preocupa com a economia, calando-se quanto às demais questões.

À medida que meus posicionamentos liberais se fortaleciam, ficava cada vez mais evidente que o PSB, partido a que eu havia me filiado, pouco tinha a ver com aquela minha imagem do Eduardo Campos. Mas, no início da minha trajetória na política, a melhor opção me parecia o PSB. E por ele me candidataria.

XIII. Desafios em dois continentes

Quando comecei a articular minha candidatura, eu já estava em Oxford, o que tornava a tarefa ainda mais ingrata. Candidato jovem, desconhecido, cego, morando em outro país, sem carreira construída previamente na política e cobiçando uma vaga no Congresso Nacional – parecia mesmo, tenho de admitir, uma maluquice. Mas eu já tinha feito coisas "malucas" demais até ali para achar que justamente aquela não tinha jeito.

O primeiro passo, pensei, era encontrar um coordenador para a minha campanha.

O nome mais adequado era Victor, mas ele já tinha declinado do convite; naquela época, trabalhava na Fundação Estudar e não queria sair. Mas eu podia chamar a Ingrid para o trabalho, ele sugeriu. Ingrid Lunardi e Victor eram namorados na época, e haviam se conhecido na Brasil Júnior, de onde nós três éramos egressos. Achei uma excelente ideia. Eu já havia trabalhado com Ingrid em algumas ocasiões e a tinha visto em ação: dinâmica, inteligente, animada, competente. Ela trabalhava em uma empresa de meios de pagamento em São Paulo e estava bastante satisfeita com os desafios do emprego. Aliás, tinha acabado de ser promovida. Levou um susto quando a convidei para assumir a coordenação da campanha e pediu uns dias para pensar. Argumentei que eu tinha um propósito, o mesmo que todo empresário júnior tem gravado na cabeça, que é formar, por meio da vivência empresarial, empreendedores comprometidos e capazes de transformar o Brasil. Quando Ingrid aceitou, senti alívio e alegria.

A presença dela à frente da minha campanha foi fundamental para pacificar (ao menos em parte) meu espírito em Oxford, onde eu vivia desafios imensos.

Meu mestrado no Reino Unido foi uma experiência sensacional. A turma tinha 113 pessoas de 64 países diferentes e eu me sentia o mais "cru" em termos de experiência de vida. Havia Brianna, funcionária da Secretaria de Estado dos Estados Unidos, que tinha participado das negociações do acordo nuclear com o Irã. Havia Hector, que se tornou um de meus melhores amigos ali, advogado venezuelano que defendia o principal partido de oposição ao ditador Nicolás Maduro. Havia Humayum Tarar, à época chefe da polícia militar do maior estado do Paquistão. Havia Aleksandra, uma jovem polonesa que tinha trabalhado em campos de refugiados no mundo inteiro e acabaria por fazer seu *summer project* no Afeganistão. Eu aprendia todos os dias com as experiências de vida dessas pessoas, mas ainda tinha dificuldades em me conectar verdadeiramente com elas.

Questões de relacionamento à parte, existia o desafio acadêmico. Precisava ler muito – havia uma quantidade infinita de leituras complementares – e estudava de doze a treze horas por dia, quase todos os dias. Havia ensaios para entregar em quase todas as disciplinas, textos que exigiam uma quantidade infinita de leituras complementares. Era um cotidiano exaustivo. Enquanto estava na Inglaterra, meu relacionamento tão precioso com Júlia chegou ao fim. Atolado de trabalhos escolares, de coração partido e com dificuldades para fazer amigos, não foi surpresa que, no primeiro semestre de 2018, eu tivesse desenvolvido uma depressão. Dias antes de voltar ao Brasil cheguei a consultar um médico, mas, de certa forma, "empurrei com a barriga" até me colocar sob cuidados psiquiátricos em Linhares. Comecei a tomar remédios, que me ajudaram a resgatar a serenidade e a disposição para encarar o que estava por vir.

E havia a questão do *summer project*.

Emplacar uma campanha a deputado federal como projeto de verão de uma universidade inglesa era algo inédito e não exatamente recomendável – foi o que me deu a entender a reitora do meu curso. Até então, o máximo que tinha havido fora o caso de um aluno que trabalhara em uma campanha de outro político. Mas eu tinha um bom argumento.

– Com todo o respeito, se uma escola de governo não permite a um aluno propor como *summer project* uma candidatura a um posto político em seu país, essa escola precisa reconsiderar seus propósitos – argumentei. – Afinal, são os políticos que tomam as grandes decisões de governo.

Tanto falei, e com tanto entusiasmo, que terminamos a conversa com ela me dizendo que veria "o que era possível fazer". Algumas semanas depois veio o aceite da universidade.

De Oxford, eu vinha fazendo pequenos movimentos para promover minha candidatura, pequenos mesmo: algumas abordagens por WhatsApp, uns vídeos completamente amadores no Instagram e no Facebook, tudo muito rudimentar ainda. O passo mais ousado que dei foi me inscrever para o curso do RenovaBR, uma escola de política criada pelo empreendedor Eduardo Mufarej em outubro de 2017. Independente e apartidário, o RenovaBR pretendia formar candidatos bem preparados para as eleições de 2018, e para isso organizou um rigoroso processo de seleção. Para divulgar a iniciativa, as lideranças da escola se reuniram com o pessoal do Acredito – foi assim que soube deles. Decidi me inscrever e, de passagem pelo Brasil durante um recesso das aulas em Oxford, me submeti à sabatina. Fui aprovado e combinei com meus professores no Reino Unido que voltaria ao Brasil a cada dois meses para os encontros presenciais do curso.

O RenovaBR foi decisivo para a minha candidatura. Para começo de conversa, foi lá que aprendi a fazer campanha, por meio de ensinamentos práticos e do convívio com outras pessoas que já tinham feito. Entendi como se capta dinheiro e se monta um time de voluntários. O mais importante, porém, foi integrar um grupo que tinha o mesmo objetivo que eu e, como eu, era formado por candidatos improváveis. Foi particularmente energizante estar na companhia de pessoas de partidos diversos que acreditavam na possibilidade de mudar a política e receber apoio de uma organização que me via como algo além de uma candidatura sem futuro. A primeira turma, da qual fiz parte, teve 131 alunos de todo o Brasil e se estendeu por todo o primeiro semestre de 2018. No fim de junho, voltei ao país para a última formação do RenovaBR – os encontros presenciais ocorriam a cada dois meses – e no dia 25 pusemos o pé na estrada.

A essa altura, Ingrid já estava a mil na pré-campanha, manejando com muita habilidade planilhas de dados, contatos, listas de possíveis doadores.

Minha campanha a deputado federal foi intensa. Tínhamos pouquíssimo tempo para construir tudo do zero, e éramos apenas três no começo: meu pai, Ingrid e eu. Victor, a distância, ajudou muito, especialmente na criação de uma estratégia. Tinha rejeitado o posto de coordenador, mas, de São Paulo, trabalhou arduamente por mim. O desafio de maior complexidade era a captação de recursos. O partido tinha se comprometido a enviar dinheiro, mas sabíamos que não seria muito, afinal, eu não era realmente uma aposta. O PSB estava apostando suas fichas na reeleição de Paulo Foletto. Seu favoritismo, pelas regras não escritas mas vigentes, o predispunha a receber mais verba partidária.

O curso do RenovaBR tinha me dado uma ideia de quanto precisaria arrecadar para uma campanha de sucesso, e não era pouco. Estudos sobre as campanhas de 2014 e 2016 revelaram que o custo médio por voto naquelas eleições havia sido de cerca de 10 reais. Eu precisaria de, no mínimo, 80 mil votos para me eleger. Portanto, meu ponto de partida seria 800 mil reais. "Nossa Senhora!", pensei. "É voto pra caramba!" Ainda mais naquele momento, em que o Brasil inteiro parecia odiar os políticos. Talvez ainda odeie. Nossa reputação é muito complicada. O RenovaBR trabalha para mudar essa imagem, e toda a minha atuação no Congresso pretende, para além dos meus objetivos, mostrar que políticos podem fazer um trabalho digno para melhorar o país.

Saímos captando feito uns doidos. Eu tinha acesso às redes da Fundação Estudar, onde identifiquei muitos doadores em potencial. Mandei e-mails para meio mundo, mensagens pelo WhatsApp, ligava para dezenas de pessoas diariamente. Chamei outro amigo dos tempos da Brasil Júnior, Pedro Rio, para me ajudar com captação e também com a construção da narrativa que eu queria divulgar nas redes sociais – Pedro conhecia profundamente os processos de comunicação desde os tempos do movimento. E, principalmente, fiz muita agenda.

Fazer agenda significa ir a lugares onde era possível captar votos ou recursos para a campanha em uma escala amplificada. Meu pai foi fundamental nessa etapa. Como ele conhecia todo mundo em Linhares, ligava para os amigos, marcava encontros com funcionários de indústrias às cinco da manhã, quando muitos começavam o turno de trabalho, cafés da manhã com empresários, caminhadas por bairros, jantares com gente que queria me fazer perguntas. Eu raramente dormia mais do que cinco horas por noite. Visitei quinze cidades divulgando minhas propostas – poucas, para um candidato a deputado federal, mas foi o possível. Ao mesmo tempo, montamos uma rede de voluntários, sob a coordenação de Victor, cujo objetivo era disseminar minha candidatura e angariar votos. Victor ainda morava em São Paulo, mas ia para Vitória todo fim de semana, bancando a viagem com dinheiro do próprio bolso, para trabalhar na campanha. Em vinte dias, captamos um pequeno exército de 2.300 pessoas, muitas oriundas do Movimento Empresa Júnior, sendo que nos últimos dez dias de campanha cada uma tinha a missão de conseguir quinze votos, me "apresentando" para familiares, amigos, conhecidos e pedindo que votassem em mim. Lorenzo Botelho e Rafael Boldi, dois rapazes muito feras e muito motivados, impuseram a si mesmos a meta de conseguir quinze votos *por dia* – e *conseguiram*. Todos os voluntários deveriam anotar o nome, o telefone e a cidade de cada eleitor que declarasse voto em mim, de tal modo que na véspera da eleição pudéssemos disparar mensagens relembrando o compromisso. Para manter esse baita engajamento, diariamente eu me relacionava com o time de voluntários, perguntando como tinha sido na véspera, enviando vídeos que detalhavam minhas propostas e estimulando-os como eu podia: com o meu entusiasmo e o meu propósito de fazer algo positivo.

XIV. Uma campanha por dentro

Vista de fora, uma campanha eleitoral parece caótica. Internamente, porém, é um negócio superorganizado. Enquanto eu rodava feito um pião por Linhares e pelo estado, no escritório de Vitória Ingrid e uma equipe que crescia todo dia, formada principalmente por voluntários, cuidavam de redes sociais, captação e mil outros detalhes da candidatura. Escaldado pela experiência da campanha a vereador, eu não queria santinhos nem "santões". Em vez disso, criamos e imprimimos um panfleto bonito, em papel-cartão, muito chique, contando a minha história e explicando as minhas propostas. O tempo inteiro eu quis que meus eleitores entendessem em quem votariam. Não só eles. A certa altura, contratamos cerca de duzentas pessoas para distribuir os panfletos pelas ruas de Linhares, um expediente muito utilizado por políticos. Mas eu queria que comigo fosse diferente: fiz uma reunião com os panfleteiros, expliquei quem eu era e o que pretendia fazer se fosse eleito. Minha intenção era que aquelas pessoas soubessem quem estavam "vendendo". Sem exagero, acho que a nossa galera entregou panfletos com paixão; me conheciam, sabiam do que estavam falando.

Para o candidato, são dias de uma intensidade absurda – tanto que, por três vezes durante a campanha, fui parar no hospital. No começo, eu cumpria as agendas sozinho, mas logo ficou claro que aquilo não funcionava. Eu precisava de uma pessoa para me conduzir, de outra para anotar os contatos dos possíveis eleitores, de outras para abordar o público e, quando estivéssemos em meio a muita gente, de alguém para filtrar quem vinha falar comigo. O último mês antes das eleições foi glorioso – e estafante. Eu me lembro de um domingo em que, acompanhado de Baixinho Macaqueiro, ex-candidato a vereador e figura conhecida em Linhares, eu deveria visitar várias casas de família pedindo votos. Nesse dia, senti, pela primeira vez, que ia desfalecer. Eu me apoiei no Preto, apelido do amigo Mateus Taveira, que estava o tempo inteiro comigo, e pedi, baixinho: "Cara, me leva pro hospital que eu estou na baixa." Preto me ajudou a entrar no carro e perdi os sentidos, de pura exaustão. No hospital, constataram que era cansaço, mesmo, ministraram algo revigorante e lá fui eu de novo para a rua.

No entanto, o mais extenuante de uma campanha nem era o cansaço físico; era a necessidade de contar a minha história infindáveis vezes. Era imperativo para que eu deixasse a minha marca, e a repetição da minha trajetória até ali era decisiva para isso. Eu tinha *pitches*, ou apresentações, que cabiam em dois, três, cinco, dez, vinte minutos, dependendo da situação, do público mais ou menos acolhedor, do tipo de evento. Quem sentia o clima era o Preto, que observava a audiência e cochichava no meu ouvido: *"Pitch* de dois minutos." Quando havia um anfitrião e ele me dizia para ficar à vontade, eu mandava o de dez, que para mim era o melhor – nem enxuto nem longo demais.

Não havia dia de descanso. Se você tirar folga, perde a eleição. Simples assim. O candidato tem de estar em campanha o tempo inteiro, sábados, domingos e feriados inclusive. No entanto, apesar de todo o cansaço, também houve momentos muito divertidos graças à nossa galera, que era muito massa – os melhores companheiros de jornada que um candidato podia desejar: Preto, Aldren, Giulia, Tiaguinho Gaspar, Aragão e os onipresentes Victor Casagrande, Ingrid e Pedro Rio. Quando terminávamos as agendas, em geral íamos para a minha casa, onde meus pais – especialmente meu pai – nos esperavam ansiosos, presos na montanha-russa da campanha. Na verdade, estávamos todos muito ansiosos. Tinha dias em que eu acordava achando que ia ganhar, ao meio-dia tinha certeza da derrota, no meio da tarde pensava em largar tudo e ao anoitecer, em meio ao público, cumprimentando e sendo cumprimentado por eleitores, não conseguia pensar em nada melhor do que aquela sensação.

Era impossível antecipar o resultado. Fazíamos uma conta meio grosseira, mas não infundada, de que em Linhares e região eu conseguiria perto de 30 mil votos. Afinal, eu era de lá, vinha de família conhecida e querida na cidade, e fazia muito tempo que Linhares não elegia um representante para o Congresso – o último, José Carlos Elias, havia ganhado uma eleição catorze anos antes de mim. De uma maneira meio abstrata e difusa, acreditávamos que o trabalho nas redes sociais me traria uns 20 mil votos. Outros tantos, que não conseguíamos mensurar nem controlar, viriam do boca a boca. Ficavam faltando uns 30 mil, que teriam de vir do trabalho dos voluntários.

No sábado, véspera da votação, tínhamos quase 30 mil nomes de eleitores potenciais levantados pelo time do voluntariado. Eu estava confiante de que teria os votos necessários, mas me lembro do momento exato em que a chavezinha virou e eu pensei: "Acho que vai dar." Foi no dia em que recebi o meu vídeo de campanha num grupo de WhatsApp do qual fazia parte, mas de maneira discreta. Era o meu vídeo "oficial", no qual contava a minha história e dizia por que era candidato. Só no Facebook teve mais de 1,2 milhão de visualizações. Comecei a receber relatos inacreditáveis de companheiros de partido e de campanha. "Rigoni, mandaram seu vídeo lá no grupo do condomínio, e nem fui eu que postei!", diziam, surpresos e agitados. "Foi alguém que supostamente nem te conhece, mas está com você!"

Na última semana, quando a vitória parecia ao alcance das nossas mãos, começaram a chegar ao nosso escritório de campanha muitos boatos de compra de votos. Havia candidatos trocando votos por sacos de cimento, cestas básicas, botijões de gás, às vezes dinheiro, mesmo. Gente que eu não conhecia, mas que declarava votar em mim, aparecia com informações até detalhadas sobre as fraudes.

Comecei a ficar desesperado.

Eu não tinha como competir nesse jogo sujo. O que podíamos fazer, e fizemos, foi impulsionar minha candidatura nas redes sociais e turbinar as agendas. Foi um momento muito tenso, e isso se refletiu no meu corpo. Ao longo da campanha, eu tinha emagrecido sete quilos. Na última semana, com os relatos de fraude e o desespero batendo na porta, engordei outros tantos. Meus companheiros tentavam me repreender quando me viam devorar uma barra de chocolate inteira em poucos minutos, mas eu cortava as broncas:

– Não vem, não, que o negócio está feio. A gente se cuida depois.

Minha última ação de campanha foi uma carreata em Linhares puxada por um trio elétrico enorme, sobre o qual havia algo entre trinta e quarenta pessoas. Saímos do bairro Três Barras e percorremos praticamente a cidade inteira. Preto era o locutor e anunciava: "Este é o Felipe Rigoni. Ele é de Linhares e se formou em Oxford!" E de repente, no meio da maior empolgação, gritava pra mim: "Felipe, abaixa!" Explico: o trio era muito alto e às vezes passava rente à fiação da rua. Como eu não via, alguns fios atingiram meu rosto, mas eu estava feliz, não me importei e, no fim das contas, não levei nenhum choque. As pessoas saíam de suas casas e de seus apartamentos acenando para nós, algumas – assim me narravam – com os panfletos na mão. Desse dia, há uma *selfie* que o Preto fez comigo; nela, atrás de nós, vê-se um mar de carros. Foi muito, muito grande. No fim da carreata, fiz um discurso emocionado, com a voz rouca de tanto gritar, morto de cansaço. Meu *crossfit* eleitoral terminou com uma teleconferência reunindo toda a equipe. Muita gente chorava. Havia um sentimento de irmandade e de dever cumprido e, ao mesmo tempo, uma certa nostalgia por tudo o que vivemos juntos. Nós nos despedimos e encerramos as atividades. Já eram quase dez da noite.

XV. Quanto custa renovar a política

Assim que soube que estava eleito, no início da noite do domingo da eleição, recebi uma ligação do governador do estado, Renato Casagrande. Foi o primeiro a me cumprimentar. Na sequência, fiz uma chamada de vídeo com o pessoal do RenovaBR, meus colegas de curso, que tinham se reunido na casa do Eduardo Mufarej para acompanhar juntos a apuração. Foi uma choradeira, todos muito emocionados.

A conta dos 10 reais por voto, que tinha me deixado tão apreensivo lá atrás, se revelou precisa: recebi 84.405 votos e minha campanha tinha arrecadado 840 mil reais. Desse total, 150 mil vieram do partido, que tinha favorecido largamente o candidato Foletto, já testado em outra eleição – o que entendo, mas nem por isso acho justo. (Foletto se elegeu com pouco menos de 56 mil votos, mas não permaneceu no Congresso, preferindo assumir a Secretaria de Agricultura do governo do Espírito Santo.) O restante dos recursos que obtive veio da estratégia de captação desenhada por Victor Casagrande e Pedro Rio, com as redes da Fundação Estudar, e de alguns anjos que apareceram no meu caminho. Fui muitas vezes a São Paulo, onde simpatizantes da minha candidatura, entre eles Eduardo Mufarej, Daniel Goldberg, sócio da gestora de fundos Farallon, e Maurício Bittencourt, sócio-fundador da gestora Velt, não mediram esforços para me ajudar a levantar fundos para a campanha, com jantares, contatos e estímulo. Contei também com contribuições e apoio de Zeca Magalhães, da gestora Tarpon, e de Daniel Castanho, da Ânima Educação. Em nenhum momento de nossas conversas, nenhum deles, ou nenhum outro doador – houve gente que doou mil reais e gente que doou 65 mil –, me fez qualquer pergunta sobre como eu votaria em relação a determinado assunto. Simplesmente confiavam em que eu me manteria fiel às minhas propostas, aquelas do panfleto, e faria um bom trabalho.

Há muitas formas de participar ativamente em uma democracia. Uma delas é por meio do voto. Outra é constituindo uma candidatura, como eu mesmo fiz. E também é possível apoiar quem queremos que seja eleito. Fala-se pouco nisso, mas os doadores de campanha têm um papel fundamental para alavancar bons candidatos. Essa, porém, é uma relação muito mal resolvida. Durante a campanha, participei de um jantar organizado por um amigo do Eduardo Mufarej no qual estavam presentes oito candidatos novos na política. Era um evento de pesos pesados – somando a participação de todos aqueles empresários no PIB nacional, o total avançava na casa dos bilhões de reais. Fiquei devidamente impressionado. Nós, os candidatos, falamos de nós mesmos e dos nossos projetos. Do nosso desejo de renovar a política, de afastar o velho clientelismo e trabalhar pelo progresso do país.

Arrecadamos 80 mil reais. Todos. Somados.

O valor relativamente baixo me impressionou. Um evento com boa parte do PIB brasileiro, todos se queixando da situação do país, de como a má política atrasava o desenvolvimento, e na hora de contribuir com a campanha de candidatos empenhados *de verdade* em mudar o Brasil não punham a mão no bolso. Foi um momento de profunda indignação.

Se não colocarmos pessoas boas na política, as pessoas boas *não estarão* na política. E outras estarão, não necessariamente boas, porque o poder não admite vácuo. Simples assim. A grande questão é que, para pôr gente boa nas instâncias democráticas de poder, é preciso fazer campanha, e campanhas custam dinheiro. Bastante dinheiro. No Brasil, optamos pelo financiamento público de campanhas como forma de evitar a compra de votos por grandes empresários movidos a interesses que podem ser escusos. No entanto, isso não resolve o problema de todo, pois os partidos tendem a escolher os beneficiados com verba eleitoral por critérios pouco transparentes, assim como favorecer os políticos veteranos, dificultando a renovação. Um candidato que só recebe verba do partido deve tudo ao partido, e isso pode limitar sua capacidade de atuar conforme seus ideais e convicções. Já aquele cuja campanha teve 256 doadores, como aconteceu comigo, não é prisioneiro de interesses. Meu mandato não tem dono.

Achar que a política vai melhorar sem que se invistam trabalho e recursos para tal é bobagem. Praticamente todas as grandes democracias do mundo têm um fundo público de financiamento de campanhas para evitar que os candidatos se tornem reféns de grandes grupos empresariais e assegurar a representação mais plural e diversa possível. Defendo um sistema misto, com parte do dinheiro vindo dos cofres públicos, parte da iniciativa privada, doado por pessoas físicas, não jurídicas. Infelizmente, estamos longe disso. Em 2021, por decisão do Congresso, sem meu voto, o fundo público foi ampliado de 2,1 bilhões de reais, em 2018, para 4,9 bilhões, em 2022, que serão distribuídos dentro dos partidos praticamente sem regras – à exceção dos 30% para mulheres e negros. Os caciques dos partidos mandam nessa montanha de dinheiro e pouquíssimo vai para as campanhas de novos candidatos, aqueles que poderiam de fato renovar a política. Vi isso acontecer na minha campanha.

Como se não bastasse, até há pouco tempo era muito fácil criar um partido, independentemente de propostas ou ideias, de modo que alguns políticos fundaram agremiações para atuar como empresas, eleger candidatos vinculados a elas e amealhar mais dinheiro e poder. Não há bandeiras ou alinhamento programático. Na minha opinião, é um sistema de financiamento que fragiliza a nossa democracia.

Lembro-me de comentar com o Edu depois, agradecendo, claro, o empenho dele na organização do jantar, mas expondo minha perplexidade com as pequenas contribuições.

– Está difícil, né? – disse ele.

Sim, estava, mas nem por isso o próprio Edu desistiu de seu projeto de elevar o nível da política, formando bons candidatos independentemente de partidos e matizes políticos. Edu faz isso porque o importante, diz ele – e eu estou de total acordo –, é ter na política gente boa, bem formada, que se paute pela ética e pela competência do trabalho. Esse deve ser o nosso esforço como nação.

XVI. "UM DEPUTADO EXCELENTE"

Quando acordei na segunda-feira, 8 de outubro de 2018, o mundo parecia diferente. Eu sentia uma ressaca física, uma sensação de atropelamento, misturada ao alívio pelo fim da campanha e a um frio na boca do estômago pelo futuro. Tinha acabado de me tornar a grande surpresa política do Espírito Santo e uma das grandes surpresas políticas do Brasil. Já me levantei atrasado – eram quase 11h30 e ao meio-dia e pouco eu entraria ao vivo no *ESTV Primeira Edição*, o noticiário vespertino da Globo no estado. Na sequência tinha outra entrevista em Vitória, onde Ingrid e Victor já me esperavam. Eu estava profundamente cansado, depois de tantos dias de trabalho sem pausa.

Uma voz na minha cabeça dizia: "Felipe, você ganhou. Ferrou. E agora?" A mesma voz respondia: "Agora tem de dar um jeito de ser um deputado excelente."

Eu não tinha muito tempo para aprender. Nos poucos meses até a posse, precisava definir a estratégia do meu mandato, entender como funcionava a Câmara dos Deputados, fazer a seleção para montar minha equipe e mais uma lista enorme de tarefas. Felizmente, o fim de semana seguinte era de feriado. Victor, Ingrid e eu viajamos para Guarapari, a praia mais famosa do estado, e passamos três dias leves, conversando e planejando os próximos passos. Estava claro que eu atuaria nas três frentes definidas no início da campanha, para melhorar a eficiência do Estado, a competitividade econômica e a educação. A esses pilares acrescentei a questão do desenvolvimento social: eu buscaria aperfeiçoamentos no Bolsa Família e em outros programas que pudessem proporcionar às pessoas uma vida melhor. Ingrid já tinha aceitado ser minha chefe de gabinete e Victor também se juntaria a nós na equipe. Exceto por esses dois amigos, profissionais competentes e da minha total confiança, todos os demais funcionários do gabinete seriam escolhidos por meio de processos seletivos como os de qualquer empresa.

Em Brasília, eu encontraria dois colegas do movimento Acredito e do RenovaBR: Tabata Amaral, eleita deputada federal por São Paulo pelo PDT, e Alessandro Vieira, senador por Sergipe pela Rede – dois partidos que, como o PSB, tinham assinado as cartas de independência. Quando estávamos no Acredito, dizíamos que, caso eleitos, nós três teríamos um gabinete único, uma forma de demonstrar nosso respeito pelo dinheiro público. Tínhamos ideias radicais, de derrubar paredes, o que depois soubemos que não era permitido, mas descobrimos que era possível *compartilhar pessoas* – e assim nasceu o gabinete compartilhado. Somando os orçamentos de que dispúnhamos para contratar assessores, Tabata, Alessandro e eu decidimos trazer menos gente, porém pessoas altamente qualificadas e com salários compatíveis. A ideia era que esses profissionais pudessem nos assessorar brilhantemente em quatro grandes áreas: análise de políticas públicas e proposição de leis, fiscalização, questões jurídicas e acompanhamento de sessões.

Naquele mesmo outubro que vivi com grande intensidade, abrimos as inscrições para o processo seletivo do gabinete compartilhado e para nossos gabinetes, conjuntamente. Para nossa surpresa, recebemos mais de 16 mil currículos. Tivemos ajuda de uma empresa que trabalha na seleção de quadros para o Legislativo até chegar a um grupo pequeno de candidatos que pudéssemos entrevistar. Na segunda semana de janeiro, Ingrid e Victor fizeram mais de noventa entrevistas de aprofundamento com pessoas que nos pareciam muito competentes. Eu mesmo falei com mais de trinta para escolher os nove assessores que trabalhariam diretamente comigo, no meu gabinete. No compartilhado, começamos com oito, hoje temos nove – e ainda assim economizamos dinheiro público. Se tivesse de desembolsar o salário dessas nove pessoas, eu gastaria cerca de 64 mil reais. Graças ao compartilhamento, desembolso menos que um terço disso.

Na Câmara, muita gente observava toda essa movimentação com perplexidade. Diziam que devíamos contratar gente que já fosse "da casa", valorizar os profissionais mais antigos. "Ora, eles podem participar do processo seletivo, como qualquer pessoa", respondíamos. Outros vinham nos falar que tínhamos de trazer pessoas da nossa confiança. "Se passarem no nosso processo seletivo a gente vai confiar", dizíamos. Ninguém achava que fosse dar certo: três parlamentares, de três partidos diferentes e das duas Casas legislativas, um gabinete compartilhado. No entanto, deu muito mais do que certo.

Faltou dizer que, no fim de outubro, voltei a Oxford para defender meu trabalho de conclusão de curso, depois dos demais alunos. Com anuência do corpo acadêmico, eu tinha pedido adiamento de prazo até que a campanha acabasse, e me foi permitido apresentar o TCC – com a boa notícia da eleição.

Em janeiro, quando assumimos nossos mandatos, o gabinete compartilhado já estava instalado. Funciona fisicamente no Senado Federal, onde as salas são maiores. Decidimos que se debruçaria sobre temas prioritários escolhidos por nós, tornando-se um verdadeiro *think tank* dentro do Congresso Nacional. O primeiro grande trabalho foi um estudo sobre a reforma da Previdência. Nosso pessoal especializado em políticas públicas buscou evidências e dados para redigir um diagnóstico sobre a reforma enviada pelo governo ao Congresso. Desse estudo saíram as várias emendas que propusemos, quatro das quais foram aceitas pelo relator do projeto: uma modificava o tempo mínimo de contribuição; outra reduzia o tempo de serviço dos professores; uma terceira preservava o Benefício de Prestação Continuada (BPC) dos idosos; e a quarta mantinha a aposentadoria rural. A lógica por trás de tudo o que propusemos era fiscal: que o governo tivesse condições de arcar com tudo o que se dispunha a fazer. Com nossas emendas, também nos preocupamos em fazer justiça social e corrigir distorções do sistema previdenciário, bastante regressivo no que diz respeito à distribuição de renda no país. O que aprendemos é que não deveria existir uma oposição entre o fiscal e o social, já que o último é necessariamente dependente do primeiro.

Em 2019, lançamos uma agenda de desenvolvimento social, com o objetivo de alavancar e melhorar as políticas sociais brasileiras e projetos em vários eixos: garantia de renda, educação profissional, proteção e incentivo ao trabalho, água e saneamento, incentivo à lei de responsabilidade social. O pessoal do compartilhado é que foi atrás de especialistas, levantou informações e nos apoiou na formulação de propostas. Além disso, avalia todas as matérias debatidas em Plenário e as medidas provisórias.

Em 2021, o gabinete foi o responsável pela elaboração de uma nota técnica com 35 critérios para identificar candidatos "laranjas" nas chapas para as eleições de 2020. O material ficou tão bom que foi requisitado pelo Ministério Público Federal para investigação de chapas irregulares no Brasil inteiro. Enquanto eu trabalhava neste livro, o compartilhado nos ajudava a preparar um grande pacote pós-pandemia com medidas para educação, saúde e economia, além de um conjunto de medidas de inteligência e prevenção da corrupção no país, baseado em evidências e nas melhores experiências internacionais na área.

Tabata, Alessandro e eu não pensamos igual o tempo todo; pelo contrário, divergimos com frequência sobre os temas políticos e de políticas públicas que estão em pauta. Esse espaço de troca de ideias, percepções e estratégias – por vezes divergentes – tornou-se uma escola da boa democracia. O que nos aproxima, além do respeito mútuo de ideias, são os valores que carregamos na política e no bom uso da coisa pública. Quando surge algum tema que só interessa a um de nós, em geral é o gabinete do próprio parlamentar que investiga. No que é consensual entre nós, o gabinete compartilhado atua. Acredito que, sem o gabinete, não teríamos alcançado uma atuação de impacto na condução de certos projetos de lei e certos assuntos, nem ganhado visibilidade tão rapidamente no Congresso Nacional. A eficácia do nosso gabinete compartilhado tem sido reconhecida; ele é citado em reportagens e fornece notas técnicas que alimentam outros segmentos do Congresso.

Por causa do meu perfil um pouco incomum, já havia alguma expectativa em torno do meu mandato antes mesmo de eu chegar a Brasília. Os veículos de imprensa se referiam a mim e a outros deputados e senadores em primeiro mandato – muitos egressos do Acredito e do RenovaBR – como a "renovação na política". Em Linhares, quando eu voltava a algum lugar que tinha me recebido durante a campanha para agradecer o apoio e eventuais votos, era cumprimentado alegremente, com muitos "Votei em você!". Mas já era uma recepção diferente: agora, de certa maneira, eu incorporava um poder, e isso mudava tudo. Tenho refletido muito sobre o perigo e a tentação de me confundir com o meu cargo. Minhas relações e habilidades são, de fato, minhas, mas o poder é inerente à função e, portanto, não me pertence, embora eu o detenha por algum tempo. Acho que essa separação interna é essencial para o indivíduo não enlouquecer nem se corromper, passando a confundir o público com o privado.

Dezessete alunos do RenovaBR tinham sido eleitos em todo o país. Com o intuito de melhor prepará-los para os novos desafios, a escola organizou uma formação entre dezembro de 2018 e janeiro de 2019. Mais uma vez eu estava no grupo e, entre as palestras que tivemos, me impressionou a fala de Nelson Jobim, ministro da Justiça do governo Fernando Henrique Cardoso, ex-ministro do Supremo Tribunal Federal e presidente do Conselho de Administração do BTG Pactual. Jobim desmontou o discurso de que éramos "renovação" dissecando os números e constatando que menos de 20% de todos os senadores e deputados federais eleitos eram, de fato, novatos na política. Os demais, mesmo quando "novos" congressistas, já tinham sido deputados estaduais, secretários ou eram aparentados com outros políticos, o que lhes deu um contato privilegiado com as esferas do poder. Gostei tanto da conferência com Jobim que pedi a Edu Mufarej que fizesse a ponte entre nós: queria conversar mais com ele. Deu certo e, numa tarde, fui ao escritório dele no BTG. Da conversa instrutiva que tivemos, guardo uma observação especialmente perspicaz, que evoco sempre que estou na Câmara.

– Na política, você não escolhe o seu interlocutor. Já escolheram para você – disse ele. – O povo votou naquelas pessoas, elas foram eleitas e estão aí. Sua função, como político, é sentar-se à mesa com elas e decidir o que vai ser do Brasil.

Àquela altura, algumas semanas antes da posse, eu ainda não tinha ideia de quanto precisaria das minhas habilidades para o diálogo e a conciliação no Congresso. Nos meses e anos seguintes, muitas vezes eu me sentaria à mesa com colegas do Partido dos Trabalhadores que insultavam os parlamentares apoiadores do então presidente Jair Bolsonaro, e vice-versa. Com políticos de centro que torciam o nariz para os deputados dos extremos, à direita e à esquerda, e vice-versa.

Nesses momentos, a fala do ministro Jobim ecoaria na minha mente e me ajudaria a tomar a direção certa, como uma bússola. Insultos e xingamentos não melhorariam as leis que tínhamos: só produziriam mais atraso.

Muitas vezes negociei com deputados fisiológicos, alguns deles réus por processos de desvio de dinheiro público e outros crimes. Nesses momentos, dizia a mim mesmo que eu não estava ali como juiz, mesmo que possivelmente houvesse interesses não republicanos influenciando as negociações. No entanto, uma coisa é ser possível, ou provável; outra é ficar comprovado. Se houvesse prova de prática ilegal, eu não apenas não negociaria, como também denunciaria; mas essa comprovação é difícil no âmbito da atuação parlamentar. Ou seja, para exercer minha função como deputado, não tenho alternativa: devo pensar naquele colega como um dos 513 com direito a um voto, tão relevante quanto o meu ou o de qualquer outro parlamentar. E então me sentar à mesa com ele e conversar.

Dentro e fora da política, muitos não compreendem o privilégio contido na frase "Sentar-se à mesa e decidir o que vai ser do Brasil". No Congresso, não falamos em milhões, mas em bilhões de reais. Nada do que votamos lá afeta menos do que meio milhão de brasileiros. Números gigantescos trazem grande responsabilidade. Quem usa seu tempo para detratar colegas não respeita o compromisso firmado com seus eleitores. O Brasil tem muitas urgências e não pode esperar. Só o diálogo nos fará avançar.

Você talvez tenha lido a frase anterior e pensado que é um negócio bonito. Diálogo é bonito mesmo, mas é difícil demais. Quem se predispõe ao diálogo precisa entender que a pessoa à nossa frente muitas vezes discorda frontalmente de nós e pode ser até mesmo belicosa nessa discordância. Não raro, é visível que não há interesses republicanos por trás de certas opiniões. Mesmo assim, é preciso se sentar à mesa e decidir juntos, porque o Brasil depende disso. O tempo e a prática nos fazem criar casca para lidar com essas situações. Estou construindo a minha, sempre perseguindo minha decisão de me tornar um deputado excelente.

XVII. Um cego deputado, não um deputado cego

Em dezembro de 2018, passei o Réveillon com amigos em Itaúnas, uma linda praia em Conceição da Barra, no extremo norte do Espírito Santo, famosa pelas dunas e pelas noites de forró, e em janeiro comecei a organizar minha mudança para Brasília. Decidimos que eu teria um gabinete físico em Vitória, a cargo do Victor, e que Ingrid e eu iríamos para o Distrito Federal.

Meu primeiro apartamento funcional era na Quadra 111 Sul, mas logo consegui um imóvel maior na 302 Norte. Convidei Ingrid para dividir apartamento comigo, sabendo que, como de costume, brigaríamos como irmãos, mas nos entenderíamos como grandes amigos que somos. Eu intuía que a presença de uma pessoa tão querida e sagaz ao meu lado seria essencial para a minha adaptação, e não apenas por causa da cegueira. E estava certo: com o tempo, Ingrid se tornaria meu braço direito e esquerdo em Brasília, meu olhar político em muitos momentos. Há muitas reuniões em que assessores não entram, mas, como sou cego, Ingrid é bem-vinda. Se preciso saber a reação das pessoas, é ela quem me informa e sugere atitudes. Por sua alegria, gentileza e integridade, ganhou o respeito de muitos deputados.

Quando fui eleito, Ingrid estava com 23 anos. Não tinha experiência com política partidária e seria minha chefe de gabinete. Mas eu também nunca tinha sido político, e começaria logo na Câmara dos Deputados. Aprendemos juntos como se faz para ser deputado, o que é preciso para aprovar uma lei, como se escolhe de quais comissões participar, entre as tantas que se formam rotineiramente no Congresso. Eu tinha consciência de que a maioria dos recém-eleitos buscava chefes de gabinete mais experientes, mas quis fazer do meu jeito, um jeito mais disruptivo. O mesmo valia para o gabinete em Vitória, onde, sob a coordenação de Victor Casagrande, construímos o modelo do Edital de Emendas que pautaria boa parte da minha atuação na Câmara. Eu queria construir um canal de comunicação muito consistente com meus eleitores, ouvindo-os sobre os acontecimentos importantes e informando-os sobre o que se passava em Brasília, o que exigiria de mim viagens e planejamento. Estava cheio de gás.

Cheguei à capital federal na semana da posse, que ocorreria numa sexta-feira, 1º de fevereiro. Até o primeiro apartamento funcional estar disponível, me hospedei num Airbnb. Estavam comigo meus pais, minha tia Carmen, minha madrinha de batismo, meu primo Marcelo e meu irmão. Não poderia levar todos para o Plenário comigo, mas sabia que muita gente ficava nas galerias ou em salas contíguas, assistindo por telões, e tudo bem. Eu já tinha estado na Câmara dos Deputados em 2015, quando, durante um Encontro Nacional de Empresas Juniores, acompanhamos uma sessão da Comissão de Educação que estava aprovando a Lei das Empresas Juniores. Em 2018, voltei para a última formação do RenovaBR e para a formatura da turma, que aconteceu na Praça dos Três Poderes. Mas entrar no Plenário como deputado eleito era outra coisa, completamente diferente. Eu estava no coração da democracia brasileira e, de alguma maneira, pertencia agora àquele lugar. Senti uma grande felicidade, uma realização até difícil de descrever. Ao mesmo tempo, o peso da responsabilidade esteve presente o tempo inteiro. Um filme de tudo o que eu tinha vivido até ali passava pela minha cabeça, mas a "música de fundo" era uma angústia: como faria para honrar a confiança de todos aqueles que tinham votado em mim? Como eu me tornaria relevante em meio aos outros 512?

Victor me conduzia pelo braço e meu pai caminhava ao meu lado – eu tinha conseguido acesso para ele. Estávamos os três profundamente emocionados, algo que quase dava para pegar no ar, de tão intenso. Na cerimônia, o presidente da Casa, Rodrigo Maia, fez a leitura do compromisso solene firmado pelos deputados e cada um confirmou o juramento. Lembro-me direitinho do momento em que quase gritei o "eu prometo" e disse a mim mesmo que agora, sim, eu era um deputado, com uma jornada gigantesca, dura e possivelmente (tomara) de sucesso pela frente.

Naquele primeiro momento, quando os embates e as rivalidades ainda pertenciam ao futuro, confraternizei com muitos deputados de vários estados e partidos. Os eleitos pelo meu estado vinham me dar boas-vindas. Muitos conheciam minha história e diziam-se contentes com a minha eleição. Outros me cumprimentavam falando: "Poxa, que legal a sua causa." "Ué, então eles já conheciam as minhas causas?", perguntei. Obviamente, mencionavam a deficiência; como eu era cego, minha "causa" só podia ser essa. Tentando conter a minha irritação, eu dizia que achava importante defender os direitos das pessoas com deficiência, mas que, na verdade, eu tinha duas causas principais: educação e economia. Sou um cego deputado, não um deputado cego, e vejo uma diferença importante na posição do adjetivo. Um deputado cego é monocausa, monotemático – alguém que só sabe trabalhar pela causa das pessoas cegas. O que, repito, tem seu valor, e estou atento a isso, mas pode se transformar numa armadilha; não queria que dessem atenção ao que digo apenas por esse motivo. Quando falo em "cego deputado", refiro-me simplesmente à característica física, como ser gordo, alto ou ruivo. Eu queria ser visto e conhecido como um cego deputado interessado nos grandes problemas brasileiros, e esses problemas, para mim, eram muito maiores do que a minha cegueira.

E eu continuava sendo um cego muito ruim em ser cego. A Câmara se preparou para a minha chegada implantando alguns dispositivos com possibilidades de votar mais amigáveis para quem não enxergava o painel. A ideia era que eu conseguisse fazer tudo sozinho, entrando na cabine de votação e clicando em uma tela que iniciaria um sistema de voz e me orientaria. Cheguei a testar o esquema alguns dias antes da primeira votação de que participei, para presidente da Câmara, e funcionou. Mas na hora de votar pra valer, não foi bem assim: entrei na cabine onde deveria votar e não consegui usar o sistema.

Saí e dei o alerta. Um funcionário da Câmara tentou consertar e declarou que não seria possível. Não naquele momento.

– Então o Victor, meu chefe de gabinete, vai entrar comigo e me ajudar a votar – falei.

Não era possível, me disseram. Eu não poderia entrar com outra pessoa para votar, não era permitido. Protestei. Um pequeno grupo foi se juntando e reforçando o coro de que, como o sistema tinha falhado, eu não poderia depositar meu voto. Eu me irritei e disse que não me impediriam. Tanto fiz que Victor entrou comigo e votou.

Hoje, com Ingrid ao meu lado quase o tempo todo, peço ajuda a ela nas votações e por enquanto funcionamos bem assim. De modo geral, porém, preciso dizer que o Parlamento não era um lugar para cegos, apesar de ser "a casa do povo". No meu primeiro ano, um rapaz com deficiência visual foi me visitar. Demorou quarenta minutos para chegar ao gabinete, na raça, porque nenhum funcionário tinha autorização para deixar seu posto e acompanhá-lo. Fiz um requerimento pedindo que isso mudasse e hoje os funcionários podem conduzir a pessoa até onde ela precisa ir, se necessário.

XVIII. Um silêncio inusitado

Imagino que as primeiras semanas de qualquer deputado recém-chegado ao Congresso Nacional sejam como foram as minhas: intensas e confusas. Eu queria fazer um monte de coisas, estava animado e ansioso, e, no entanto, mal conseguia me situar entre os corredores e gabinetes. A Câmara é um labirinto de anexos, salas de comissões, salas de subcomissões, salas de secretaria de comissões, salas não sei de quê. Ingrid e eu nos perdemos muitas vezes e precisamos pedir informação para chegar ao nosso destino.

Se até a localização física era complicada, o que dizer dos desafios legislativos? Eu tinha de aprender como se fazia um requerimento ou um projeto de lei e a navegar naquele redemoinho de articulações que se desdobravam todos os dias ao nosso redor. Eu nunca tinha feito isso antes. Era misterioso. Até ali, lembrando, minha experiência na política se resumia à candidatura malsucedida a vereador em Linhares. De repente eu estava na janelinha, deputado federal no coração do país. Caramba.

Minha equipe estava escolhida e era maravilhosa, mas éramos todos inexperientes no Parlamento. Naqueles primeiros tempos, pedimos muita ajuda a outros deputados, que acabaram ficando mais próximos, e a seus assessores. Eu observava muito (sou cego, mas sou muito observador), captando os sinais no ambiente, na fala das pessoas.

Havia um costume de o presidente da Casa dar boas-vindas aos deputados novatos. Rodrigo Maia, do DEM do Rio de Janeiro, ocupava o posto à época e foi muito receptivo. Eu já o conhecia, apresentado por um amigo em comum, Rafael Furlanetti, um dos sócios-diretores da XP, que nos reuniu para um almoço pouco depois que fui eleito. Logo nas primeiras conversas que tivemos, Maia e eu encontramos afinidades e me atrevo a dizer que nos tornamos bons amigos. Comigo, várias vezes ele deixou de lado seu jeitão meio sério e fechado e me disse, de brincadeira, que me considerava o deputado mais preparado da Câmara.

– Quando terminar o meu mandato, vou ser seu assessor – falava.

Ríamos muito, como se fizesse sentido ele me assessorar, com sua experiência e capacidade de mobilização. Maia é um político inteligente e articulado, movido por um forte senso de direção sobre os melhores rumos para o Brasil – e me refiro a um sentido histórico, mesmo.

Foi graças a ele que me embrenhei em um assunto que eu já vinha acompanhando e que, daí a alguns meses, consumiria boa parte do meu tempo e da minha energia, com resultados que me enchem de orgulho: o saneamento básico. Talvez confiando no meu potencial, Maia também me apresentou ao deputado Augusto Coutinho (Solidariedade-PE) para trabalhar junto à relatoria da Lei de Licitações. No fim das contas, tratava-se de reduzir o risco de que obras contratadas não fossem executadas por falta de pagamento do poder público ou simplesmente porque o empresário desistia. Não havia nenhum seguro contra isso.

Aprovada finalmente em meados de 2021, essa lei viria a definir a forma como o Estado realiza suas compras em todas as esferas, tornando os processos mais ágeis, transparentes e menos suscetíveis à corrupção graças a uma série de salvaguardas. Por exemplo: limitamos os descontos que eram oferecidos no final dos lances, descontos esses que, muitas vezes, resultavam em aditivos que encareciam as obras ou compras e neutralizavam o melhor preço resultante do próprio processo da licitação. A mudança de que mais gostei, porém, foi o aperfeiçoamento da Proposta de Manifestação de Interesse (PMI), formulada por empresas que têm soluções para fornecer ao poder público – havendo interesse por parte do governo, ele pode abrir uma licitação específica para cada solução. Parece ser uma porta de entrada valiosa para a inovação.

Apesar do apoio de Maia para que eu me envolvesse em temas relevantes, não votei nele na primeira eleição para presidente da Casa, logo no início de fevereiro; segui meu partido, o PSB, e preferi JHC (João Henrique Caldas), de Alagoas, que teve apenas trinta votos. Eu me arrependo dessa decisão: Rodrigo Maia foi um excelente presidente, colocando em votação pautas de grande interesse estratégico para o país ao longo de sua gestão, exatamente o que eu pensava que deveria acontecer.

Ainda recém-chegado, muitos deputados vinham me cobrar um primeiro discurso. Diziam que eu deveria me apresentar, usar parte do tempo do meu partido para dar meu recado e falar das minhas bandeiras; uma espécie de rito inicial. Preparei uma fala contando um pouco da minha história e me inscrevi para discursar no dia 20 de fevereiro. Subi à tribuna um pouco tenso, não pelo que tinha a dizer, mas pelo que se passava naquele dia no Plenário.

Era o dia da votação do cadastro positivo, uma matéria importante que permitiria a criação de uma listagem de bons pagadores a partir de informações de crédito. Quem estivesse nesse cadastro poderia obter vantagens na hora de contrair novos empréstimos, o que me parecia benéfico. No entanto, o presidente da República havia falado alguma bobagem naquele dia e a oposição, em represália, empenhava-se em obstruir a votação daquela pauta, que não só era de interesse da base governista, mas também de vários partidos de centro e de esquerda. Obstrução consiste em uma série de manobras regimentais para atrasar ou até bloquear a votação de alguma pauta. Naquele caso, a obstrução nada tinha a ver com gostar ou não do cadastro positivo – era só picuinha, com reflexos numa votação muito importante para muitos brasileiros. Entendo que é preciso marcar posição quando o presidente da República fala algum descalabro, mas atrasar uma votação importante por causa disso? Eu estava furioso.

De pé na tribuna, ouvindo o burburinho, comecei meu discurso tal como tinha planejado inicialmente, mas logo fiz um desvio.

– Enquanto a gente fica aqui obstruindo a votação de projetos com que concordamos, só para marcar uma posição política, tem 60 milhões de brasileiros que estão endividados e quase 13 milhões que estão desempregados. Enquanto a gente defende projetos de interesse pessoal, que nem sequer sabemos se fazem ou não sentido, 100 milhões de brasileiros não têm seu esgoto coletado, quiçá tratado. Enquanto a gente fica fazendo ou situação pela situação ou oposição pela oposição, tem cerca de 1,5 milhão de jovens fora da escola. Acredito que não foi para esse tipo de atitude que os brasileiros depositaram suas esperanças em nós. Independentemente do nosso campo político, pessoal, a gente precisa criar uma gestão pública eficiente, inovadora.

À medida que eu falava, o ruído ao meu redor ia diminuindo até haver um silêncio inusitado e meio assustador. "Esse povo se calou para me ouvir", pensei, perplexo, tentando não perder o fio do raciocínio. Ao mesmo tempo, estava intrigado. "O Plenário não fica em silêncio!", ocorreu-me na hora. Mas naquela hora ficou. Estaria acontecendo alguma outra coisa? Quando falei dos endividados e dos desempregados, houve uma explosão de palmas. Ao final, Ingrid me ajudou a descer da tribuna, ainda muito nervoso, e sussurrou no meu ouvido:

– Furado, foi muito foda!

No dia seguinte, o *clipping* que fazíamos, colhendo menções ao meu nome e ao meu mandato em veículos de mídia do Brasil inteiro, não deu conta de reunir tudo o que saiu. Acho que só aí comecei a ser visto como um cara de respeito, que se preocupa com o país e quer trabalhar por ele. Lembro-me de uma mensagem que recebi do tio de um amigo meu, chefe de gabinete de outro deputado. "Rigoni, você se distanciou do baixo clero agora, escreve o que estou falando."

O maior medo de um parlamentar novato é ser identificado com o baixo clero, expressão corriqueira na Câmara para designar um grupo de deputados inexpressivos que cuida de pautas paroquiais, desinteressados das grandes questões do país. Todo mundo me dizia que, para virar um deputado respeitado, eu teria de trabalhar muito. Eu estava mais do que disposto a isso, mas seria suficiente? Meu discurso tinha sido um bom começo.

Os dias que se seguiram à minha estreia na tribuna foram de muita alegria. Muitos deputados vieram conversar comigo e logo estabeleci vínculos e constatei afinidades que dariam bons frutos nos anos seguintes. Rodrigo Maia não estava na Câmara no dia do meu primeiro discurso, mas soube e veio me cobrar depois:

– Como é que você não me avisa que vai falar? Escolheu logo um dia em que eu me ausentei!

Até hoje rimos quando nos lembramos desse dia.

Nos primeiros três meses de trabalho, consegui aprovar cinco projetos. Três eram de minha autoria: o de apreensão de armas de fogo como medida de proteção, no escopo da Lei Maria da Penha, o da fiscalização das barragens e o do CPF como documento único. Os demais, como relator: um sobre benefícios fiscais destinados à implementação dos direitos das pessoas com deficiência e outro que trata de impostos sobre serviços de saneamento. É a prova de que inexperiência não é desculpa para imobilismo. Devo isso ao trabalho incansável da minha equipe e à garra de todos ali para mostrar resultados – e rápido. No início de 2022, enquanto terminava este livro, me orgulho de ter seis projetos aprovados na Câmara.

XIX. PRECISAMOS FALAR SOBRE SANEAMENTO

Quando a Lei de Licitações estava bem encaminhada, voltei minha atenção para outro projeto que, na minha opinião, não podia esperar: a questão do saneamento básico.

Sabemos que, ainda hoje, cerca de 100 milhões de brasileiros, quase metade da nossa população, não se beneficiam da coleta de esgoto e 35 milhões não têm acesso a água potável. Todo ano, 15 mil pessoas no Brasil morrem de doenças relacionadas à falta de saneamento – e que poderiam ser evitadas se houvesse rede de esgoto, que corre a céu aberto em centenas de cidades brasileiras. Mesmo entre os que têm acesso, há grande desperdício. Segundo um levantamento realizado em 2018 pelo Instituto Trata Brasil em parceria com a Water.org, em 2018 cerca de

38% da água potável produzida no país se perdeu durante a distribuição.

Até recentemente, vivemos sob a vigência da Lei do Saneamento de 2007. Ela permitia a constituição de PPPs, parcerias público-privadas, porém considerava que saneamento é um serviço público de titularidade dos municípios, que são livres para ter a própria empresa do setor, o SAAE, sigla para Serviço Autônomo de Água e Esgoto. Na maior parte das vezes, porém, os municípios fechavam com as estatais estaduais de saneamento. Antes do novo marco, a proporção era aproximadamente esta: 70% de todo o saneamento feito no Brasil estava a cargo de estatais estaduais, 24% eram municipais, 2% correspondiam a PPPs e 4% eram ofertados por empresas privadas.

No apagar das luzes de seu governo, o presidente Michel Temer reeditou uma medida provisória, de número 868, sobre o novo Marco Legal do Saneamento Básico. Dentro do eixo do desenvolvimento econômico da minha campanha, esse era um assunto de enorme interesse por representar um projeto concreto que melhoraria a qualidade da saúde dos brasileiros. Resolvi abraçá-lo com toda a minha energia de deputado recém-eleito.

Uma das pessoas mais importantes com quem conversei sobre isso, logo no comecinho do meu mandato, foi Diogo Mac Cord de Faria, engenheiro mecânico com mestrado em Harvard na área de administração pública; lá, especializou-se justamente em investimentos em infraestrutura. No início do governo Bolsonaro, foi secretário do Desenvolvimento da Infraestrutura e depois transferiu-se para a Secretaria de

Desestatização, que ocupava durante a redação deste livro. Contei a ele do meu interesse em infraestrutura e a conversa naturalmente seguiu para a questão do saneamento. Foi Diogo quem me alertou sobre a criação da Comissão Especial do Congresso que se debruçaria sobre a MP 868 e sobre o tanto de coisa que havia a fazer. Pedi ao meu partido para participar da comissão e fui atendido. Eu me envolvi profundamente nas audiências públicas e nos debates, primeiro na Comissão Mista, que caducou, e por fim na Comissão Especial, da qual me tornei vice-presidente.

Sempre tive consciência do quanto o novo marco do saneamento era polêmico. Ele prevê a universalização dos serviços de água e esgoto até 2033 e, para isso, facilita investimentos privados em um setor classicamente estatizado, reduzindo pouco a pouco a presença do Estado. Também traz grandes incentivos à regionalização dos serviços. A ideia de *eficiência* percorre todo o documento, dos padrões de qualidade da prestação dos serviços à regulação de tarifas; do controle sobre a perda de água ao longo do processo ao reuso dos efluentes sanitários após o tratamento. Ocorre que a maior parte das estatais brasileiras de água e esgoto não quer abrir mão do monopólio que exerce, o que gera prejuízos à boa parte da população. Frequentemente, essas empresas são controladas ou influenciadas por políticos que indicam pessoas sem qualificação técnica para cargos de direção. Esses diretivos, por sua vez, atuam nas empresas de modo a beneficiar os políticos que os indicaram. Embora insistam em manter o monopólio, as estatais de saneamento não têm capacidade financeira para novos investimentos nem de execução para cumprir o plano de universalização até 2033. O cumprimento desse plano exigiria, segundo o Instituto Trata Brasil (uma organização da sociedade civil de interesse público que se ocupa das questões de saneamento e proteção dos recursos públicos) e o relatório Brasil Infra2038, 700 bilhões de reais. Cinquenta bilhões em investimentos por ano. Estava claro para todos nós da comissão que esse dinheiro não viria do setor público, depauperado. E que, sem investimentos, dezenas de milhões de brasileiros continuariam sem saneamento, água tratada e esgoto sanitário, ou até perderiam parte dos limitados serviços existentes. Em 2018 e 2019, dez estados com empresas de saneamento estatais tinham retrocedido na cobertura de coleta e tratamento de esgoto.

Com raras exceções – entre elas a Sabesp, Companhia de Saneamento Básico do Estado de São Paulo, e a Companhia Espírito Santense de Saneamento (Cesan) –, as empresas do setor público são muito ineficientes e têm grandes dívidas. Nos últimos anos aumentaram os salários de seus funcionários e negligenciaram os investimentos. Utilizadas politicamente, muitas viraram cabides de emprego.

Os números do saneamento no Brasil sempre me pareceram uma aberração. Sabemos hoje que, para cada real investido em saneamento básico, há uma economia de quatro reais em saúde. Na comissão, o argumento mais usado contra o novo Marco Legal do Saneamento Básico era que as empresas públicas não investiam, mas quando elas enfim o fizessem o problema estaria resolvido. Ora, de onde viriam 50 bilhões anuais para financiar os investimentos de empresas públicas? E ainda que houvesse esse dinheiro, como aplicá-lo de modo a cumprir os objetivos e depois fiscalizar seu uso? É por isso que precisávamos de um marco legal.

O marco também deveria promover o saneamento minimamente regionalizado, pois, embora seja atribuição dos municípios, na prática esse é um serviço que cobre bacias hidrográficas; se um município fizer tudo direitinho e os demais que compartilham a mesma rede de rios não, o problema persistirá para todos. Queríamos também mudar a natureza da contratação dos serviços de saneamento por parte dos municípios. Começava aí a parte mais complicada.

Até então, no que dizia respeito ao saneamento básico, vigorava uma figura jurídica chamada "contrato de programa", uma espécie de acordo automático entre as prefeituras e a empresa estatal do respectivo estado naquele setor, que dispensava licitação e acontecia sem concorrência alguma. Muitas vezes, esse contrato era fechado não porque o prefeito admirasse o trabalho da estatal de seu estado, e sim por pressões subterrâneas, raramente explícitas. Que prefeito vai descartar os serviços de uma empresa do governo de seu estado, arriscando-se, assim, a perder apoio do governador? Os prefeitos, sabemos bem, dependem dos governadores para uma série de medidas. A MP oferecia uma saída para esse eterno dilema das prefeituras ao propor que os serviços fossem contratados mediante concessões: abria-se uma licitação, empresas públicas e privadas apresentavam suas propostas, a que ganhasse prestaria o serviço.

Os debates foram acalorados. Quando o relator da comissão, senador Tasso Jereissati (PSDB-CE), apresentou seu relatório, o deputado Glauber Braga (Psol-RJ) xingou-o de "senador Coca-Cola", acusando-o de querer privatizar a água no Brasil como forma de favorecer os interesses da multinacional norte-americana. Fiquei furioso com Glauber, cuja crítica – rasa e simplória, como tantas críticas que viralizam, e profundamente injusta e fútil – repercutiu muito. Nos meses de trabalho da comissão, me aproximei muito de Tasso e também do presidente, Evair Vieira de Melo (PP-ES). Muitas vezes, quando o nível de estresse nas discussões da comissão se tornava insuportável, íamos para outra sala debater e negociar com os divergentes, e eu me lembrava novamente das palavras de Nelson Jobim: "Na política, você não escolhe o seu interlocutor. Já escolheram para você." Respirava fundo e dialogava com parlamentares que pensavam essencialmente diferente de mim. Como discutir a abertura de concessão para empresas privadas com um deputado ou senador cuja premissa inarredável é que empresas privadas não podem prover serviços públicos?

De alguma maneira, eu acreditava que todos nós ali queríamos um Brasil melhor. Em algum momento, acreditei também que esse desejo nos conduziria a um consenso. O tempo e a vivência como deputado me mostraram que eu estava enganado. Todo mundo quer um Brasil melhor (ainda creio nisso), ou, ao menos, a maioria dos parlamentares ali, mas o que cada um entende por "Brasil melhor" é intrinsecamente diferente em termos de premissas e valores. Há muito acordo sobre "o que" é preciso fazer e um abismo na parte do "como" fazer. No Congresso há parlamentares para quem o Estado enquanto provedor de serviços não deveria existir, ou, se existisse, que fosse mínimo. E há deputados e senadores que acreditam veementemente que o Estado tem capacidade para resolver todos os problemas da população, e assim deveria ser. O consenso é impossível. O que é possível, isto sim, é a negociação. A votação do Marco do Saneamento Básico me ensinou que não há mudança estruturante para o país que seja consensual. A democracia não é consensual. Se eu tivesse que definir esse sistema, hoje, diria que a democracia é a busca pelo *consenso mínimo*. Num regime democrático, devemos buscar o que é possível fazer, com a concordância da maioria, sem "tratorar", ou seja, sem impor autoritariamente determinado posicionamento e sem negligenciar os interesses e as necessidades da minoria. Mas não se trata de consenso. Quem persegue o consenso não faz nada no Congresso Nacional. O que existe são concessões; mesmo discordando de algo, já votei favoravelmente por considerar que aquele projeto como um todo estava melhor do que pior.

Como outras mudanças estruturantes, o Marco do Saneamento Básico não seria uma questão pacífica. O dissenso foi tão profundo que as obstruções se sucediam. Obstruções, vale repetir, são mecanismos regimentais para impedir ou protelar votações, o que é muito utilizado quando parte dos membros de uma comissão deseja empurrar uma votação com a barriga. Como todas as comissões têm de encerrar seus trabalhos quando começa a sessão do Plenário, bastava protelar a votação – com pedidos de palavra, por exemplo – até que isso acontecesse. Na tentativa de frear obstruções, algumas concessões importantes foram feitas, como permitir a renovação de contratos entre prefeituras e estatais de cada estado, desde que houvesse capacidade de investimento. Mesmo assim a MP nº 868 caducou e o governo teve de enviar o projeto de lei nº 4.162/2019. Criou-se então a Comissão Especial da Câmara para discutir o PL e eu me tornei um dos vice-presidentes, ao lado de Enrico Misasi (PV-SP) e de Marcelo Nilo (PSB-BA). O relator, Geninho Zuliani (DEM-SP), Tiago Mitraud (Novo-MG), Evair de Melo, Enrico e eu formamos uma espécie de "tropinha de choque". Conversamos com muita gente, colhendo informações para apresentar aos 34 membros da comissão, sabendo que teríamos de trabalhar duro para obter os dezoito votos necessários.

E assim fizemos, abordando um a um os deputados, contando no dedo os que nos garantiam seu voto. Para dar um só exemplo, Geninho, o relator, foi ao Vale do Jequitinhonha, uma área muito pobre no nordeste de Minas Gerais, em um esforço para convencer Igor Timo (Podemos-MG), que era dessa região, a votar conosco (e ele votou). Conversávamos com todo mundo, até com quem, sabidamente, não nos apoiaria. Com argumentos sólidos e evidências, procurávamos convencer os relutantes.

Nosso maior embate se deu em torno dos subsídios cruzados para o saneamento. Fomos muito criticados quando defendemos o fim desse mecanismo, que obrigava as empresas estatais dos estados a prestar serviços de saneamento em todas as cidades, independentemente de elas serem sustentáveis ou não. O fim desses subsídios, segundo nossos críticos, inviabilizaria o saneamento em regiões muito remotas ou economicamente desfavorecidas. Era uma preocupação fundamentada e real. Respondíamos que as concessões seriam feitas em blocos, que chamamos de microrregiões e não seriam formadas necessariamente por municípios limítrofes; a principal função desses blocos era ser economicamente viável. Os blocos seriam montados pelos governadores e a adesão a eles por parte dos municípios seria voluntária, porém a cidade que não aderisse deixaria de receber recursos federais. Ainda assim, poderia haver parte da população realmente incapacitada de pagar a conta dos serviços de água e esgoto. A essa parcela o projeto previa ofertar subsídios diretos. A Agência Nacional de Águas (ANA) se firmaria como a reguladora de todas as 49 agências espalhadas pelo país, harmonizando o ambiente regulatório.

Tenho muito orgulho de ter participado da construção desse projeto de lei. Creio que ele contemplou com ponderação todas as críticas que recebeu. Contudo, mesmo que as críticas a aspectos técnicos do PL estivessem equacionadas, e a imensa maioria estava, ainda assim existiam obstáculos políticos para que muitos deputados apoiassem o projeto. Havia gente ligada a funcionários de estatais, que desfrutavam de privilégios corporativos, sem falar nos deputados de esquerda, que haviam construído uma narrativa mentirosa de que pretendíamos privatizar a água do Brasil. Ora, a água continuaria sendo uma detenção nacional. O serviço de tratamento e de distribuição seria não privatizado, mas *concedido* a empresas com eficiência comprovada e capacidade de investimento – que poderiam, inclusive, ser empresas estatais.

Quando nos acusavam de querer acabar com as estatais, respondíamos que não, de jeito nenhum: obrigaríamos as empresas estatais a serem boas. As boas, argumentávamos, não apenas continuariam operando, como ainda poderiam se expandir; não haveria mais essa história de "empresa de águas do Espírito Santo só pode atuar no Espírito Santo". Se fosse boa, poderia participar de outras licitações e ganhar. Caso fosse ruim, quebraria – como é o destino de qualquer empresa ruim, independentemente de a quem pertença. E o que não faltava eram empresas ruins. Quando pesquisávamos sobre isso, descobrimos verdadeiros absurdos, como um contrato de programa que terminava em 2073 sem previsão de universalização. E muitos outros em que a prestação precária de serviços se dava sem contrato. O marco oferecia alternativas para sanar todas essas deficiências – e também para resgatar a centena de milhão de brasileiros pobres que não tinham acesso a água, esgoto e saneamento.

XX. Pressões e xingamentos

Depois de encerradas todas as discussões e definido o relatório, chegou, enfim, o dia da votação. Para evitar obstrução, já tínhamos combinado com o então presidente da Câmara, Rodrigo Maia (MDB-RJ), que a plenária só começaria depois que a nossa sessão acabasse. Isso, claro, não resolveria todos os problemas. Sabíamos que a mesa diretora, da qual eu fazia parte, seria inundada de requerimentos pedindo o adiamento da votação por uma, duas ou até três sessões. Cada requerimento acolhido deve ser votado, e cada voto podia demorar de quarenta minutos a mais de uma hora, se a obstrução fosse realmente pesada. Não deu outra.

Prevendo o que aconteceria, nós, da mesa diretora, combinamos o seguinte: teríamos a maior paciência do mundo. Se viessem para cima de nós com insultos e mentiras, não retrucaríamos e seguiríamos tranquilos, voto a voto.

Na hora H, como era de esperar, havia poucos deputados presentes entre os 34 da comissão. É assim mesmo, como aprendi com o tempo; muitos deputados participam de várias comissões que estão reunidas simultaneamente e ficam circulando entre elas. Cabia a nós, os grandes interessados em aprovar o projeto, deflagrar uma busca ativa. Ficamos pendurados ao celular ligando para parlamentares resistentes ou simplesmente ausentes, um por um, instando-os a vir.

– Vem votar, e vem logo, para a gente conseguir fechar – pedia eu.

Foi um tal de pegar deputado pelo braço no corredor! Eles vinham, votavam e muitas vezes se retiravam. Ao meu lado, Ingrid contabilizava os votos. Lembro-me de ela dizer no meu ouvido:

– Já temos dezesseis! Mas ainda faltam dois que se comprometeram conosco.

E toca achar aqueles dois.

A votação durou quase sete horas. Sete horas de muita pressão. Eu me lembro de estar sentado à mesa diretora com Evair e outros colegas, ouvindo xingamentos pesados, e de me manter sereno. Apesar de tudo, foi um dia muito bom. Deixo aqui um agradecimento especial a Ingrid, minha chefe de gabinete, meu braço direito. Ela foi muito importante nesse dia em que arregimentar os deputados fez toda a diferença. Hoje em dia Ingrid é bem conhecida na Câmara, e há quem a chame, de brincadeira, de deputada 514, de tão presente e relevante que se tornou.

Conseguimos aprovar o relatório por um placar de 21 a 13. Rodrigo Maia cumpriu o combinado. Na hora em que a votação acabou e podíamos cantar vitória, ligamos para ele avisando e só então, já perto das 19 horas, Maia abriu a sessão na Câmara. Era um resultado muito importante, pois, de certa forma, a aprovação na comissão especial antecipava o que ocorreria no Plenário da Câmara – ainda que lá os números fossem maiores, claro, assim como o trabalho logístico e de negociação.

A versão final do PL foi aprovada em 24 de junho de 2020 no Senado por 65 votos a treze, depois de passar pela Câmara por 276 a 124. Até o fechamento deste livro, já sancionada pelo presidente, a Lei nº 14.026 estava ainda em andamento, à espera de a presidência soltar alguns decretos. A previsão era que ao longo de 2022 os blocos fossem formados e pudessem ser licitados.

Ao mesmo tempo, alguns processos de privatização que já estavam previstos ganharam forte impulso com o novo Marco Legal. É o caso da privatização da Companhia Estadual de Águas e Esgotos do Rio de Janeiro (Cedae), no fim de abril de 2021, vendida a dois grupos empresariais por 22 bilhões de reais. Em dezembro foi a vez de o governo alagoano privatizar os serviços de água e esgoto de 61 municípios do estado, arrecadando 1,6 bilhão de reais em leilão. Em 2020, a empresa BRK Ambiental já havia levado, por 2 bilhões, a concessão de serviços em treze municípios da região metropolitana de Maceió. Com certeza, esses movimentos foram influenciados pela enorme segurança jurídica que o novo Marco Legal do Saneamento Básico trouxe para o investidor.

Para mim, em especial, foi um tempo duríssimo, ainda que tenha me ajudado a criar a tal "casca", tão necessária. Na comissão da Câmara, o deputado Zé Neto (PT-BA) me acusou de querer fazer uma "privatização cega" do saneamento. Não costumo me irritar com esse tipo de manifestação que adjetiva negativamente algum ponto importante com a palavra "cega", mas naquele dia a acusação me tirou do sério. Também houve quem insinuasse que, se eu insistisse naquela história do saneamento, meus "contratos" com empresas de ônibus de Linhares seriam rescindidos. Fiquei furioso com a insinuação de que essas empresas teriam financiado a minha campanha, o que era totalmente descabido. "Rapaz, você acha que eu dependo desse pessoal? Eu dependo dos votos de quem me escolheu", rebati na época. Na tentativa de me intimidar, chegaram até a dizer que "meu governador não ia gostar nada disso". E eu lá dependia do meu governador para votar? Por acaso era capacho dele? O tempo todo, desde o início, deixei claro que quem define meus votos sou eu.

Foi também em 2019 que vivi a pior crise do meu mandato.

Envolvia Ingrid e Victor Casagrande, meus dois chefes de gabinete, ela em Brasília, sempre ao meu lado, ele em Vitória, no meu escritório regional. Quem acompanhou minha história até aqui sabe que nós três nos conhecemos no Movimento Empresa Júnior e nos aproximamos por afinidades políticas, filosóficas e também por afetos. Ingrid e Victor se conheceram no movimento e namoravam desde 2015. Ambos foram pilares da minha campanha e sem eles eu, com certeza, não teria chegado até aqui. Quando abri um edital para contratar minha equipe de gabinete, deixei bem claro que todos os cargos estavam em aberto – *exceto* as duas chefias de gabinete, que ficariam com esses dois companheiros dedicados e incansáveis.

Era junho e eu estava em Linhares para uma festa num sábado. No domingo, acordei com uma tremenda dor de cabeça – mal sabia que seria a menor delas. A dor de cabeça mais séria tinha a ver com uma notinha publicada no jornal *Gazeta de Vitória*, assinada por um repórter localmente famoso por suas ironias, Leonel Ximenes. O título era "Casal feliz" e dizia o seguinte:

Victor Casagrande, filho do governador, recebe R$ 14,4 mil como assessor parlamentar do deputado Felipe Rigoni (PSB). E a namorada de Victor, Ingrid Lunardi, que exerce o mesmo cargo no gabinete de Rigoni, também recebe R$ 14,4 mil. Com uma renda dessas, o que ainda estão esperando pra casar?

Fiquei possesso. Victor é das pessoas que mais me estimularam a entrar para a política. Ingrid é a pessoa mais importante na minha vida política. Ambos foram contratados por terem uma imensa capacidade de trabalho, integridade e competência. E, no entanto, fui acusado de abrigar no meu gabinete o filho do governador do meu estado, cujo partido tinha me acolhido, e a namorada dele, como se fosse um arranjo nepotista resultante de um conchavo político. "Ah, então foi esse o tal processo seletivo que o Rigoni fez", diziam meus detratores. As reações mais acaloradas vieram dos meus eleitores bolsonaristas, que criticam duramente o governo de Renato Casagrande, de oposição ao Planalto.

Sabia da minha razão, mas não bastava. Em retrospecto, aprendi muito com essa crise e com as acusações que me foram feitas.

Eu deveria ter me adiantado e explicado, desde o início da campanha, que Victor e Ingrid eram meus assessores. Hoje sei que é possível antecipar crises, produzir a comunicação que consideramos adequada e influenciar o debate. Quando perdemos a oportunidade só nos resta reagir, e foi o que aconteceu comigo. Houve momentos durante a campanha em que cheguei a imaginar que meu relacionamento com o filho do governador pudesse gerar suspeitas, mas Victor é que tinha me apresentado ao pai – e não o contrário. Parecia tão nada a ver que não me preparei para o que veio. Além disso, minha fúria ao ver meu melhor amigo criticado por aceitar um cargo "por ser filho do governador" e Ingrid reduzida à função de namorada dele depois de tudo o que tinha feito por mim – algo profundamente machista – tampouco me ajudou a produzir uma resposta serena. Soltamos uma nota falando da competência de ambos para as respectivas funções e explicando que nosso relacionamento vinha de longa data, mas tenho consciência de que perdi muitos apoios por causa dessa história. Não conseguimos que nossas explicações chegassem a todos os que nos acusavam. A nota da *Gazeta* circulou por incontáveis grupos de WhatsApp aos quais não tínhamos acesso. Sou uma figura pública e aos poucos fui me habituando a ver minha vida escrutinada. Mesmo assim, fiquei inconformado e triste ao ver meu nome no centro de acusações de fazer conchavos típicos da má política, aquela mesma que eu tanto combatia. De certa forma, porém, estava na conta do que era previsível para um político. O ponto é que Victor e Ingrid não eram pessoas públicas, e os boatos e as acusações injustificadas os afetaram profundamente.

Em dezembro daquele ano – por outros motivos –, Victor me avisou que gostaria de migrar para a iniciativa privada. Deixou meu gabinete em fevereiro de 2020 e trabalha hoje numa empresa do mercado financeiro. Foi substituído por Julietty Knup, que já era assessora parlamentar e respondia a Victor no gabinete. Não contratamos ninguém a mais. Ingrid, bem, Ingrid segue como a deputada 514. Os dois terminaram o relacionamento por motivos pessoais, nada a ver com o episódio.

Ainda hoje, não é incomum que eu chegue a algum lugar e alguém venha com uma cópia da tal notinha no jornal. Explico pacientemente a circunstância e peço que confiem na minha correção. Levo para a vida tudo o que essa história me ensinou sobre antecipação de crises e transparência.

XXI. A ruptura com o PSB

A reforma da Previdência era um assunto da maior relevância para o país. Eu estava atento e animado: sabia quanto estava em jogo ali. Naquela altura, eu ainda não sabia, mas também estava em jogo a minha permanência no PSB. A votação sobre a reforma tornaria a minha presença no partido insustentável. Mas vamos por partes.

Para além do levantamento que o gabinete compartilhado havia feito sobre a reforma, pedi a uma de minhas assessoras, Isabela Messias, que debulhasse o texto. Assim eu poderia me posicionar com base no conteúdo real e não nas *fake news* que logo começaram a se espalhar, disseminadas por algumas corporações e alguns partidos. Anunciavam que a reforma condenaria as pessoas a uma vida de trabalho sem fim, cancelaria direitos adquiridos etc., justificando seus argumentos com números sem a menor consistência. Eu não tinha dúvidas de que a reforma era imprescindível e que, sem ela, logo nos veríamos sem qualquer previdência – por absoluta incapacidade do governo de pagar o benefício. O objetivo era produzir a melhor reforma possível, negociando com partidos diversos e divergentes, e com categorias profissionais que defendiam seus interesses com unhas e dentes, sem se preocupar com o futuro ou com o bem comum. Ou seja, como costuma acontecer no Congresso, o desafio era superar a resistência aguerrida por parte de grupos cujos privilégios seriam limitados no futuro, como o alto funcionalismo, em que pese a ausência de posicionamento a favor da reforma da grande maioria dos cidadãos que financiam esses gastos com os impostos que pagam – o dilema dos privilégios concentrados e custos diluídos.

Quando o PSB começou a debater a reforma, eu já tinha uma opinião bem fundamentada e baseada em evidências. Nas primeiras reuniões convocadas pelo então líder do partido na Câmara, Tadeu Alencar (PE), defendi que chamássemos gente da área técnica para discutir conosco, pessoas que pudessem nos explicar o que estava acontecendo, com números e dados consistentes e atuais. Depois de muita insistência, o partido organizou um seminário com dois "especialistas", um cientista social e um cientista político. "Ora, nada contra ouvir dois estudiosos dessas áreas do conhecimento, mas não haveria nenhum economista no seminário?", perguntei. Não haveria.

A primeira apresentação foi do cientista político. O único argumento que ele punha na mesa era que a aprovação da reforma beneficiaria o presidente Jair Bolsonaro, portanto deveríamos nos opor a ela. Uma fala política, sem qualquer embasamento técnico. Fiquei irritado, mas não disse nada, esperando a próxima palestra, do cientista social. Vinha a ser um dos criadores da nova matriz econômica, como se chamou o conjunto de medidas adotadas durante o primeiro mandato da presidenta Dilma Rousseff (2011-2014) e que ocasionaram aumento nos gastos públicos, forte intervenção na economia, recessão e inflação – ou seja, o descalabro que afundou o país. Eu estava afiado e questionei-o, cada vez mais nervoso – como costumo ficar diante de falas vazias e intelectualmente desonestas – sobre sua defesa do modelo existente, que estava quebrado e sistematicamente transferia recursos dos mais pobres para segmentos da elite econômica, contribuindo para a enorme desigualdade brasileira. Não foi um debate agradável.

"Eram esses os especialistas que o partido tinha a oferecer a seus parlamentares?", pensei. Eu havia sugerido dois nomes de peso, Pedro Fernando Nery e Paulo Tafner, autores do melhor livro que eu tinha lido sobre o assunto, *Reforma da Previdência: Por que o Brasil não pode esperar*. Poucas vezes encontrei análise tão impecável sobre uma política pública, comparando os sistemas de diversos países do mundo, detalhando as previdências de militares e trabalhadores rurais, com gráficos e números. Minha sugestão não foi considerada.

No dia do seminário, houve uma pausa para almoço e um deputado do meu partido se aproximou discretamente:

– Olha, eu vi a forma como você questionou o cara – disse ele. – Só vim te dar um toque para você ter cuidado na hora da sua fala, para ninguém te entender mal.

Achei estranha demais aquela abordagem: o que seria, afinal, "entender mal"?

– Quer dizer que não podemos questionar o que está sendo dito? Pois o cara estava mentindo, eu estudei, tenho os dados! – protestei.

O deputado não retrucou, mas, no fim do almoço, o presidente do partido, Carlos Siqueira, elevou a voz sobre o burburinho no salão e disse com clareza:

– Essa reforma é um absurdo porque a gente não pode deixar o governo Bolsonaro dar certo.

Ouvi murmúrios de aprovação e não me segurei.

– Siqueira, você está doido? Está sendo desonesto intelectualmente com seu próprio partido! – falei assim mesmo, sem medir as palavras.

– Desonestidade é deixar esse governo dar certo! – reafirmou ele.

Eu me calei. Entendi finalmente que jamais haveria discussão técnica de um projeto que talvez fosse o mais importante para o país naquele ano de 2019. Fiquei frustrado e decidi fazer da minha maneira. Nas reuniões seguintes, levei os dados e procurei convencer outros deputados de que, aumentando os gastos em cerca de 50 bilhões por ano, a Previdência não se sustentaria. O déficit seria crescente, massacrando as contas públicas, gerando inflação e colocando em risco as aposentadorias futuras. Tinha números que comprovavam que a Previdência era causa de desigualdade, operando como uma espécie de Robin Hood às avessas: tirava dinheiro da grande massa de trabalhadores informais ou com carteira assinada e baixos salários e transferia para grupos privilegiados e menos necessitados. Um programa social que agrava desigualdades é um absurdo. Com esse mote, comecei a atuar ligando para os deputados. Fiz uma cartilha explicando ponto a ponto e deixava nos gabinetes dos colegas de partido. Todos os dias, para irritação crescente do presidente Carlos Siqueira, eu informava Rodrigo Maia sobre a quantidade de votos com que poderia contar no meu partido. Houve um momento em que eu tinha dezesseis deputados, metade da bancada do PSB votando a favor de uma reforma que a direção do partido condenava. Então começou o contra-ataque: a direção central do PSB anunciou o fechamento da questão e avisou que os "dissidentes" não teriam dinheiro para a próxima campanha, entre outras ameaças. Sabiam que isso não colava comigo – eu tive pouco dinheiro do partido, mesmo –, mas outros parlamentares pessebistas se assustaram e recuaram.

No meio da confusão, Júlio Delgado, um deputado mineiro que votaria contra a reforma, mas entendia minha discordância, propôs que fôssemos ao presidente avisá-lo formalmente de que a bancada estava dividida. Isso nos pareceu justo. Na véspera da votação, estivemos com Siqueira e declaramos como seria nosso voto. Eu não esperava uma reação tranquila, mas tampouco estava preparado para o que ouvi.

– Tenho certeza de que todos vocês aqui estão afinados com o núcleo central do PSB, com exceção do Rigoni. O

Rigoni não tem nada a ver com o partido. Não sei por que entrou. Ele é um liberal. Um liberal convicto. Sim, eu sou um liberal convicto. Mas aquilo foi desnecessário e desmedido, uma humilhação na frente dos colegas. Saí daquele encontro decidido a deixar o partido.

No dia da votação, houve deputados que não compareceram e outros que votaram a favor no primeiro turno e contra no segundo. No fim das contas, tivemos onze votos numa bancada com 31 assentos, uma baita conquista. Dentro do partido foi uma pancadaria, mas para mim, politicamente, foi excelente. Pessoalmente, porque entendi que fazer política de acordo com a melhores evidências e convicções reais, e em consonância com as necessidades do povo, era um caminho difícil, mas viável. Politicamente, recebi uma infinidade de críticas, como esperava, mas também tive o apoio de gente que entendeu minha decisão como corajosa, votando com minha consciência, com base nos números e rompendo com o partido em nome de um projeto melhor para o país. Tive muito orgulho da minha atuação.

Na sequência, comecei a articular minha saída do PSB. Em minha defesa no processo junto ao TSE, usei um artigo que o presidente do partido publicou no jornal *Folha de S. Paulo* mencionando certos "lobos em pele de cordeiro" – uma referência velada a mim. Em abril de 2021, o TSE autorizou oficialmente a minha desfiliação.

Aos poucos, percebi que alguns deputados tinham informações limitadas sobre os projetos de lei que tramitam no Congresso. Para dar um exemplo, se posicionavam a favor da privatização de empresas públicas sem examinar os detalhes dos decretos. Mas a vida acontece nos detalhes. Mesmo sem enxergar fisicamente, eu enxergava o óbvio. Pode soar um pouco arrogante, mas é como me sinto. Estamos no Congresso para discutir os problemas reais do Brasil. A política não pode ser voltada para si mesma e para o interesse de curto prazo dos próprios políticos: ela tem de buscar soluções claras, com base na realidade. Porque, queiramos ou não, como aprendi cedo na vida, a realidade se impõe. E, quando se impõe sem que nos preparemos para ela, as consequências costumam ser muito mais dramáticas.

Foi com esse raciocínio que defendi com todas as minhas forças a reforma da Previdência: cedo ou tarde a realidade se imporia, e era melhor nos anteciparmos a ela. Não aprovamos a reforma que queríamos, mas ela é mil vezes melhor do que reforma nenhuma.

XXII. "Está na hora de comprar respirador"

Logo no início de fevereiro de 2020, quando as notícias da chegada do novo coronavírus ao país ficaram mais inquietantes, o Congresso começou a se movimentar. Ainda não tínhamos nenhum caso no Brasil, mas, assustados com o que ocorria na Europa, especialmente na Itália e na Espanha, aprovamos a Lei nº 13.979, de 6 de fevereiro, que facilitava compras emergenciais e permitia decisões mais duras, se necessário fosse, para enfrentar o que até então era um "surto" de Covid-19. Mas ainda parecia algo distante de nós – mesmo porque o primeiro caso em território brasileiro só foi confirmado no dia 26 de fevereiro, um homem recém-

-chegado da Itália. A primeira morte só ocorreria no dia 12 de março, em São Paulo, um dia depois de a Organização Mundial da Saúde (OMS) declarar que se tratava de uma pandemia, fenômeno em que uma doença infecciosa se espalha por uma área extensa – no caso, por todo o planeta.

Eu tinha começado 2020 decidido a trabalhar para levar pautas mais relevantes ao Plenário. O ano anterior tinha sido de intensa atividade, mas eu alimentava expectativas ainda maiores de debater a PEC (Projeto de Emenda à Constituição) da prisão após condenação em segunda instância, a reforma tributária, o novo Fundeb e o fim da prerrogativa de foro (ou foro privilegiado), entre outros temas. Sabia que sozinho teria pouco sucesso, então liguei para alguns colegas com quem tinha afinidades claras – mesmo que discordássemos em muitos pontos – e propus que formássemos um grupo suprapartidário. Éramos oito: Tabata Amaral (PSB-SP), Marcelo Ramos (PL-AM), Enrico Misasi (PV-SP), Thiago Mitraud (Novo-MG), Pedro Paulo (DEM-RJ, hoje atuando na Secretaria de Fazenda da Cidade do Rio de Janeiro), João Campos (PSB-PE) e Pedro Cunha Lima (PSDB-PB). Juntos, teríamos mais força para levar nossas demandas ao então presidente da casa, Rodrigo Maia (DEM-RJ). Na época, dentro dos debates do orçamento, discutia-se na Câmara a entrega de 15 bilhões de reais ao relator do orçamento, que decidiria onde aplicar o dinheiro – situação que se repetiria no ano seguinte, com cores ainda mais dramáticas. Isso nos parecia absurdo. O país precisava de pautas estruturantes, pensávamos, e nisso estávamos de profundo acordo. Eu tinha até um nome para o grupo: Câmara Viva, inspirado em outros movimentos semelhantes do passado, como os Cabeças Pretas, jovens deputados do PSDB que, durante o governo Temer (2017-2018), pregavam o afastamento do partido da base governista.

Pedro Paulo chegou a sugerir que uníssemos esforços com outro grupo de parlamentares mais experientes que também haviam se juntado para incentivar o debate de pautas estruturantes, entre eles Raul Henry (PMDB-PE) e Rubens Bueno (Cidadania-PR).

Uns dias antes da nossa primeira reunião, liguei para o economista Marcos Lisboa, presidente do Insper, conceituada escola privada de ensino superior de São Paulo. Eu tinha conhecido Lisboa na época do RenovaBR e o admirava muito – uma mente brilhante e, na minha opinião, um dos maiores economistas do Brasil. Contei a ele o que pretendíamos e, antes mesmo que eu pudesse desdobrar a nossa pauta, Marcos me disse:

– Felipe, está na hora de comprar respirador.

Diante do meu silêncio, ele entendeu que precisava ser mais claro. E foi: falou da situação terrível de alguns países europeus, de como o coronavírus atacava os pulmões e que iríamos precisar de mais recursos.

– Peguem cinco bilhões desses quinze que estão em discussão e entreguem à Saúde para comprar respiradores. Os que temos serão insuficientes para fazer frente à pandemia – afirmou.

Depois falamos sobre outros assuntos, mas a história da compra centralizada dos respiradores – que, como se sabe, jamais aconteceu – ficou martelando na minha cabeça.

Mal tivemos oportunidades de nos reunir: logo fomos atropelados pelo coronavírus. Já no dia 17 de março a Câmara, atuando com uma velocidade sem igual no mundo, tinha fechado o Plenário e aprovado um sistema de deliberação remota. No dia 18, voei para Vitória, já de máscara e tomado por um certo medo do desconhecido. Eu pensava: "Quantas pessoas vão morrer?" Algumas cidades já anunciavam o fechamento de atividades. "Quantos negócios vão acabar?", pensava eu.

Naquela época, como ainda hoje, quando escrevo este livro, penso que faltou ao debate sobre o enfrentamento da Covid-19 um elemento essencial: a racionalidade. Diante de uma doença contra a qual não havia remédios eficazes (só foram desenvolvidos ao longo de 2021) nem vacinas (que surgiram no segundo semestre e, no Brasil, só foram aprovadas pela Anvisa em janeiro de 2021), agiram bem países como Coreia do Sul e Vietnã, que adotaram rapidamente políticas de testagem em massa, rastreio de casos e isolamento para evitar novos contágios. Aqui, como nem tivemos essa possibilidade, a única conduta possível foi assegurar que o maior número possível de pessoas tivesse acesso a tratamento. Os fechamentos, com suas consequências brutais, deram a tônica da condução da pandemia. Houve lugares que paralisaram atividades cedo e sem necessidade, desgastando essa possibilidade que se revelaria fundamental em outros momentos. Em vez de mapear microrregiões e abrir e fechar de acordo com o ritmo de disseminação da doença, radicalizamos para um extremo ou outro. As consequências estão diante de nós enquanto escrevo este livro, e são terríveis.

E nem vou entrar aqui nas brechas para corrupção na compra de remédios, equipamentos e montagem dos hospitais de campanha. Tampouco falarei dos esquemas totalmente irregulares, para dizer o mínimo, envolvendo a compra de vacinas com ágio ou sem aprovação do órgão competente, a Anvisa, como mais tarde veio à tona na CPI da Covid, instaurada em 2021 pelo Senado.

Em qualquer país, o presidente da República é uma figura de grande autoridade e suas palavras e ações têm repercussões imediatas. O presidente do Brasil menosprezou o poder de fogo do vírus, estimulou o povo a não usar máscaras, promoveu remédios sem eficácia comprovada para tratar a Covid-19 e provocou aglomerações. Bem mais tarde, quando enfim havia vacinas, afirmou que não se vacinaria e semeou dúvidas sempre que pôde sobre a eficácia da imunização. Suas atitudes foram desencadeadoras da polarização que tomou conta do país, pois o outro lado do espectro político se viu compelido a defender o oposto – e assim nos trancamos por períodos que talvez não precisassem ser tão longos. Sobrou pouca gente para discutir o que realmente precisava ser discutido, ou seja, as evidências que permitiriam manter a sociedade funcionando ao mesmo tempo em que se minimizava o risco de infecção. Fechamentos são decisões dramáticas, com efeitos danosos em termos sociais, emocionais e econômicos. Reduzem a transmissão, sim. Ao mesmo tempo, trouxeram consigo uma certa normalização do cerceamento da liberdade, o que é muito sério.

Obviamente, caso a situação se agravasse seria preciso fechar, porém, se tivéssemos agido com racionalidade desde o começo, em uma escala menor. E, sim, é culpa única e exclusivamente do governo federal, que, em vez de empregar a máquina pública para coordenar esforços, envolveu-se em polêmicas, disse e fez infindáveis bobagens.

O papel do governo federal não é executar as políticas públicas, o que cabe a estados e municípios, mas, sim, coordenar para que sejam realizadas de maneira correta e minimamente padronizada no país. No entanto, o governo simplesmente cruzou os braços, alegando que o Supremo Tribunal Federal o proibia de agir. Mentira: diante da inação do poder central, o Supremo apenas assegurou aos governadores o poder de implantar medidas restritivas e de combate à pandemia. Imagine se o governo Bolsonaro tivesse orquestrado um esforço nacional para mapear áreas onde o contágio estivesse mais intenso usando indicadores corretos e determinando fechamentos pontuais. Uma coordenação eficiente e uma política racional de testes, rastreamento e isolamento teria evitado muitos remédios amargos, muitas quebradeiras e, principalmente, muitas mortes.

Com o tempo vieram à tona relatos de que o governo Bolsonaro desprezou a compra de vacinas, entregando de bandeja esse grande trunfo político para o governador de São Paulo, João Doria, que trabalhou pela produção de imunizantes pelo Instituto Butantan. A mensagem que o presidente do Brasil passou para os brasileiros no auge da mais grave crise sanitária da nossa história recente foi que não valoriza a vida. A CPI da Covid divulgou estudos mostrando que, se tivesse havido uma boa condução durante a pandemia, cerca de 120 mil mortes teriam sido evitadas.

E esses são os estudos *conservadores*. Outros, mais dramáticos, falam em quase 400 mil mortes evitáveis se tivéssemos comprado vacinas no tempo certo – única solução para, de fato, acabar com as restrições – e estimulado o uso de máscaras, levando informação correta à população.

Finalizo este livro em um momento no qual a pandemia está arrefecendo e a maior parte dos brasileiros já concluiu o ciclo vacinal. Mas nada pode apagar as mais de 600 mil mortes que o Brasil carrega nas costas. Se tivéssemos começado a vacinar antes, muitos desses brasileiros estariam aqui. Muitos negócios teriam sobrevivido. A economia estaria melhor.

Jair Bolsonaro já foi um enigma para mim e, tenho certeza, para muitos brasileiros. Houve um tempo em que tive sentimentos ambíguos em relação a ele. No início, me iludi imaginando que pudesse ser um político bem-intencionado, com valores diferentes dos meus, mas nem por isso má pessoa. Tinha um Congresso reformista a seu favor e um corpo de ministros no qual havia alguns bons destaques. Achei que faria andar reformas havia muito abandonadas e necessárias para o país. O tempo mostrou que eu estava enganado. Hoje penso que é uma pessoa totalmente incompetente, incapaz de liderar uma equipe e de definir a execução de políticas públicas, despreparado para enfrentar os desafios centrais do Brasil. Sua incompetência fez dele um prisioneiro da má política representada pelo Centrão, o bloco mais fisiológico da Câmara dos Deputados, com consequências danosas para o país que talvez se façam sentir por muitos anos. Há momentos em que o acho cognitivamente prejudicado, ou desequilibrado mesmo.

Até aqui, não havia provas de que Bolsonaro fosse corrupto, mas existem muitas evidências de que seus filhos são. Tenho dificuldade em acreditar que ele não sabia de nada. Em certa medida, seria como acreditar que Lula desconhecia as maracutaias que aconteciam em seu governo. É hipócrita da parte de Bolsonaro dizer que combate a corrupção enquanto fecha os olhos para o que sua família faz ou entrega o governo para o Centrão. Estou no Congresso, e o que vejo é que a corrupção só aumenta.

Em 2021, enquanto os brasileiros morriam de Covid-19 e a inflação começava a assustar, Jair Bolsonaro reforçou o sistema que consagrou o compadrio e a corrupção no Brasil, justamente aquele que sua campanha prometia combater. Ao estreitar sua aliança com o bloco mais fisiológico da Câmara, trabalhou para tornar o Estado brasileiro cada vez mais ineficiente e antiético. Nas eleições de 2018, entre o petismo e ele, votei em branco para presidente, de coração partido. Não podia entregar meu voto a um ex-capitão que fazia apologia à tortura. Mas estava claro para mim que ele levaria a eleição. Vivia-se um antipetismo exacerbado e Dilma tinha esmagado a classe média.

Conheço muitos liberais que votaram em Bolsonaro acreditando que o ministro da Economia, Paulo Guedes, comandaria sua área dentro dos moldes do liberalismo, investindo em privatizações, reduzindo o tamanho do Estado e atentando ao rigor fiscal. O problema é que Guedes sempre teve um teto: o presidente.

Estive muitas vezes com o ministro da Economia. Paulo Guedes é um homem gentil, muito inteligente e culto.

Conhece em profundidade a história do Brasil, mas não conhece o Brasil. Nunca teve contato com a pobreza brasileira. Acredito, honestamente, que ele tem uma visão de Brasil que não consegue pôr em prática pelas divergências com o presidente e também por limitações próprias – as falas dispersivas nas reuniões, a falta de capacidade executiva, entre outras.

Fato é que Bolsonaro foi eleito num sistema democrático que respeitou todas as regras e temos de lidar com ele. Nos projetos do governo que dialogam com o meu projeto para o Brasil, voto com a bancada governista. Eu não poderia deixar de votar na reforma da Previdência ou no Marco do Saneamento Básico só porque acho Bolsonaro um mau presidente. Mas repudio a maior parte de suas ações – da péssima gestão da pandemia ao aparelhamento do "gabinete do ódio", uma máquina de produção de *fake news* que é, ao mesmo tempo, terrível e eficiente, capaz de transformar qualquer narrativa em algo tão convincente que se espalha com a velocidade de chamas ao vento. Falta a Bolsonaro um projeto para o país. Hoje creio que ele apenas quer se perpetuar no poder para proteger a si mesmo e aos filhos de seus erros.

Em meio a essa gestão desastrosa do país, me ocorre que talvez, como sociedade, precisássemos passar pela experiência de ter no poder alguém como Bolsonaro. Não por todo o sofrimento que adveio de seu mau governo, mas pelo aprendizado de que não podemos colocar pessoas como ele no poder. Tudo o que aconteceu no Brasil durante a pandemia foi, e ainda é, terrível. No entanto, mesmo que a pandemia deixasse de existir magicamente hoje, o país continuaria numa situação dramática.

Como brasileiro e como parlamentar, acho da maior importância destacar que o Congresso preparou tudo o que era necessário para que o governo federal, como coordenador da execução das políticas públicas, pudesse gerenciar a pandemia da melhor forma possível. Aprovamos o auxílio emergencial e o orçamento de guerra. Fizemos tudo o que estava ao nosso alcance. Infelizmente, não foi suficiente para evitar tantos lutos, tantas tragédias.

XXIII. A CORRIDA PELO NOVO FUNDEB

Mesmo com sessões remotas e deputados e senadores adoecendo com a Covid-19 (ou mesmo morrendo; perdemos três senadores para a doença: Arolde de Oliveira, do PSD do Rio de Janeiro, José Maranhão, do MDB da Paraíba, e Major Olímpio, do PSL de São Paulo), o Congresso trabalhou arduamente ao longo de todo o ano de 2020. Havia muitas pautas que não podiam esperar.

Em sintonia com as diretrizes que eu me dispunha a defender como deputado, talvez o mais importante fosse a aprovação do Novo Fundeb, o Fundo de Manutenção e Desenvolvimento da Educação Básica, um dos principais mecanismos de financiamento da nossa educação básica. Instaurado em 2007, quando substituiu o então Fundo de

Manutenção e Desenvolvimento do Ensino Fundamental e de Valorização do Magistério (Fundef), já nasceu com data para expirar: 2020. Se algo não fosse feito, haveria um apagão na educação em 2021. Seria o caos, pois cerca de 65% do financiamento da educação básica brasileira vem do Fundeb.

Diante da proximidade da data de expiração do fundo e do amplo apoio à sua continuidade pela sociedade civil, houve debates intensos para não apenas aprovar o Fundeb, mas criar um Novo Fundeb, melhor e mais justo do que aquele que havia até então.

Participei ativamente da construção desse Novo Fundeb. O processo que levou a ele, bem como a votação, está entre os acontecimentos que mais me ensinaram em minha vivência no Parlamento.

Logo no início do meu mandato houve a instalação da Comissão Especial para a elaboração da PEC do Fundeb. Havia consenso em torno da ideia de que deveria ser permanente, e não apenas um fundo pelo qual tivéssemos de lutar periodicamente. Outro consenso era de que o fundo deveria ser maior do que os 165 bilhões de reais distribuídos em 2019. Sabemos que falta gestão para a educação brasileira, mas sabemos também que falta dinheiro para levar nossos alunos ao patamar que desejamos; não podemos esquecer que dois terços das escolas brasileiras não dispõem de internet – aliás, para ficar nos pontos mais básicos, uma em cada três não possui *banheiro*.

Em relação a ser mais justo, o ponto era o seguinte: o Fundeb, tal como era até aquele momento, privilegiava os estados da Federação, e não cada município. Um município pobre em um estado rico, como o Espírito Santo, por exemplo, era discriminado pela dotação do Fundeb (afinal, o estado era "rico"). Na outra ponta, um município rico em um estado pobre – Salvador, por exemplo – fazia jus a verbas generosas. Um Fundeb mais justo deveria, na minha opinião, corrigir essas distorções e reorganizar a distribuição de verbas por rede ou por município, assegurando que quem tivesse menos recebesse mais.

Por fim, encampei uma ideia que nasceu no gabinete de minha amiga e colega de Câmara Tabata Amaral, outra defensora ferrenha da educação, de que o Fundeb deveria ser mais *eficiente*. Passamos a defender a ideia de que era preciso separar uma parte do fundo e destiná-la aos municípios de acordo com o desempenho. Prefeitos que melhorassem os resultados de suas redes educacionais, em comparação com os dados anteriores, receberiam mais verba, premiando esses gestores e incentivando-os a correr atrás de resultados melhores ainda.

Não é difícil imaginar como foram acaloradas as discussões na Comissão Especial.

Como já escrevi outras vezes, no Brasil as boas transformações têm custos concentrados e benefícios difusos. Em outras palavras, parece sempre claro o grupo de pessoas que terá de abrir mão de algum benefício e será "punido" por aquela medida; ao mesmo tempo, o que ela vai gerar de bom para o país como um todo poucas vezes é evidente. No Fundeb havia alguns pontos assim, em especial no que diz respeito aos interesses dos professores. Não me oponho a esses interesses, perfeitamente legítimos, mas eles não necessariamente têm um efeito direto na aprendizagem.

O Fundeb é formado por um *pool* de impostos recolhidos por estados e municípios e depositados numa espécie de conta conjunta. A União entra com um complemento que, até então, correspondia a 10% de todo o dinheiro arrecadado para o Fundeb no Brasil inteiro. Essa porcentagem rendeu uma das discussões mais intensas na Comissão Especial. Havia quem, como eu, defendesse que o percentual passasse de 10% para 15%, e grupos mais à esquerda, muitos ligados ao professorado, para os quais esse número deveria saltar direto para 40%.

Com muita saliva e concessões de parte a parte, chegou-se ao aumento do repasse da União para 23%, escalonados até 2026. Esse novo total, porém, seria distribuído de maneira diferente: 10% permaneceriam tal como hoje; outros 10,5% seriam canalizados para redes e municípios, independentemente do estado, daquela maneira que nos parecia mais justa; e os 2,5% restantes – e essa para mim foi a grande conquista, minha e de Tabata – seriam destinados de acordo com os resultados de aprendizagem, um golaço no trabalho pela redução de desigualdades. Insisto num ponto: quem vai levar essa verba extra não é o melhor prefeito nem a cidade que alcançou melhor desempenho – é o município que reduziu mais a desigualdade de aprendizagem entre os próprios alunos, ou seja, que mais avançou em relação ao desempenho anterior. Era uma ideia inovadora e gerou muito debate, mas no fim os demais membros da Comissão Especial aceitaram muito bem, o que me deixou feliz. Chamamos esse ponto de Vaar, sigla para "valor aluno/ano/resultado".

Desde o início, o governo foi muito reticente. Não participou das conversas, a certa altura entrou para atrapalhar e por fim trabalhou para que não fosse aprovado. Perdeu.

Discordei de alguns pontos do Fundeb tal como foi aprovado, como destinar 70% do dinheiro do fundo ao pagamento de salários dos profissionais da educação – antes, eram 60%. Sou favorável a que cada município decida de acordo com sua realidade. Sabemos que há cidades e estados que não podem destinar tanto dinheiro assim apenas ao pagamento dos professores, por mais que estes mereçam. Penso ainda que esse sistema prejudica a estruturação da carreira docente, que também precisa se adequar à realidade de cada lugar. Professores precisam ser bem remunerados, com incentivos à formação continuada e, naturalmente, considerando os resultados de aprendizagem dos alunos.

Também discutimos muito em torno do CAQ, sigla para Custo Aluno-Qualidade, um indicador de financiamento educacional previsto no Plano Nacional de Educação, o PNE, que define de quanto deve ser o investimento por aluno para assegurar a qualidade da educação. Naqueles dias na Comissão Especial que discutia a PEC do Fundeb, quando o CAQ entrou em pauta, muito se falou sobre a necessidade de haver quadras, biblioteca, brinquedoteca... Claro que tudo isso é importante, mas, para mim, educação é aprendizado, que não tem uma vinculação direta com a estrutura disponível. Em vários lugares do Brasil há escolas com resultados excepcionais apesar da infraestrutura precária.

A estrutura é o meio, não o fim. Quando se faz política educacional considerando o custo do meio, não necessariamente se chega ao fim. Mas o CAQ foi inserido na PEC do Fundeb, de modo que, em algum momento no futuro ainda a ser regulamentado, a distribuição de recursos também será feita de acordo com o Custo Aluno-Qualidade.

A partir de uma auditoria do TCU e do diálogo com organizações que se dedicam ao controle das contas públicas, também verifiquei que, uma vez distribuídos aos entes federativos, os vultosos recursos do Fundeb eram dificilmente rastreáveis. Não havia a obrigatoriedade da transparência dos recursos, para que a sociedade e os órgãos de controle pudessem ter conhecimento da destinação dos valores dos fundos. Também não havia qualquer instrumento para a comparação da efetividade do uso dos recursos, ou dos indicadores da qualidade da educação no país, já que cada ente da Federação prestava contas e criava os indicadores à sua maneira, divulgava a seu próprio tempo e no seu formato particular. Por isso, propus uma emenda que tornava possível a transparência, a rastreabilidade e a comparabilidade dos dados dos fundos, definindo que os padrões de coleta e divulgação dos dados fossem uniformes. Essa proposta foi baseada na crença de que a transparência é o melhor antídoto para o mau uso dos recursos públicos e que apenas conhecendo em profundidade os indicadores das políticas é que podemos melhorá-las. Felizmente, minha emenda foi acatada e hoje temos na Constituição a obrigatoriedade de transparência e de prestação de contas dos recursos do Fundeb.

De modo geral, avançamos muito. O texto da relatora, a Professora Dorinha (DEM-TO), ficou bem-feito, costurando um diálogo que se estendeu por anos – a PEC que tornava o fundo permanente começou a ser construída em 2015. A votação na Câmara aconteceu em 21 de julho de 2020, num Plenário quase vazio em função da pandemia. Mas eu estava lá – eu e o presidente da Câmara, Rodrigo Maia, que perto do finalzinho da votação me chamou para ficar ao lado dele na mesa diretora. Eu estava aborrecido naquele dia, achando que tinha participado menos do que deveria nos debates finais, e o convite de Maia veio como uma surpresa agradável. Ao lado dele, emocionado, ouvi o discurso bonito que ele proferiu e me surpreendi de novo quando ele disse mais ou menos o seguinte:

– Quero que a pessoa que encerrará esta votação e declarará os votos seja este rapaz aqui, que é um exemplo do poder da educação.

Rodrigo Maia se levantou, me entregou a presidência da mesa e coube a mim declarar o final da votação e a aprovação do Fundeb na Câmara.

Eu me senti reconhecido, mas nem por um momento esqueci do tanto que ainda havia a fazer. Não bastava aprovar o fundo; era preciso cuidar das regulamentações, ou seja, da minúcia com que tudo seria feito – essa, inclusive, é a parte mais complexa. Precisávamos de um novo relator, e eu achava que seria Tabata, por todo o conhecimento que tinha sobre o fundo e pelo enorme interesse no assunto.

Um dia, estava em São Paulo visitando amigos quando recebi uma notificação pelo WhatsApp: haviam me incluído em um grupo do qual já faziam parte Rodrigo Maia, o deputado Raul Henry (MDB-PE) e o economista Marcos Lisboa, a quem já me referi aqui. O nome do grupo era "Regulamentação Fundeb". A primeira mensagem era uma saudação de Maia, complementada pelo seguinte comentário: "Marcos e Raul, vocês terão de ajudar muito o Felipe nessa tarefa, que é muito difícil. Espero que ele possa contar com vocês, porque é muito importante para o país."

– Vou ser o relator da regulamentação? – Eu quis saber.

Maia novamente:

– Vai. Boa sorte.

Dizer que seria "difícil" era pouco diante do tamanho daquele desafio. Já era início de setembro e eu teria dois meses para estudar os detalhes da regulamentação, ouvir todos os atores da sociedade – não apenas aqueles que concordavam com a minha visão – e elaborar um texto altamente técnico. O Ministério da Educação pressionava, afirmando que, se não aprovássemos a regulamentação até outubro, não haveria tempo para as adaptações necessárias.

Trouxe Tabata para perto de mim e, juntos, requisitamos quase toda a equipe do gabinete compartilhado, além de parte da minha equipe e de um time de consultores da Câmara 100% dedicados ao assunto. O norte foi dado por mim: precisávamos de regulamentações que facilitassem a vida do gestor, simplificando, na medida do possível (e era possível) questões de pagamento, prazo e distribuição das verbas. Em um período curto e intenso, montamos a jato cinco audiências públicas e uma agenda infinita de reuniões com partidos, associações de classe, como a Confederação Nacional dos Trabalhadores em Educação (CNTE), e representantes da sociedade civil organizada, como o movimento Todos pela Educação. Havia muita desconfiança em relação àqueles 2,5% dos bons resultados, especialmente no mundo da educação. Ora, eu não entendia essa posição. O que é resultado em educação senão aprendizagem? Qual o problema de fortalecer mecanismos de recompensa de aprendizagem, ainda mais com as ressalvas que havíamos construído? Acredito que essa postura refletia, em parte, a recusa dos representantes dos professores a considerar qualquer proposta que contemplasse a avaliação do desempenho dos profissionais nas escolas, tal como ocorre com muitas profissões. De nada adianta ter escola pintadinha, com ar-condicionado, professor ganhando bons salários, se não houver aprendizagem; se não conseguíssemos melhorar o desempenho dos piores alunos e nos limitássemos a alavancar os melhores.

Trabalhamos duramente para garantir o equilíbrio dessa medida. Por exemplo: os gestores não podiam suprimir os piores alunos da sala, porque a taxa de evasão era considerada no cálculo. Era preciso evoluir em relação ao próprio resultado anterior. Foi um fuzuê danado.

Finalmente chegou a semana da votação. Já entrávamos em novembro, atrasados, portanto, e estava claro para mim que ainda não havia consenso. Pedi a Rodrigo Maia que decidisse a data da votação, tendo antes negociado com o governo uma transição de três meses nos quais valeriam as regras do Fundeb antigo. Quando tudo parecia organizado, explodiram três novos pontos de atrito.

O primeiro deles dizia respeito às instituições filantrópicas, escolas particulares sem fins lucrativos: deveriam receber verbas do novo Fundeb? Em meu relatório inicial, eu havia concordado com o recebimento, mas virou uma guerra. Depois de muito debate, propus uma solução intermediária: os prefeitos poderiam destinar dinheiro do fundo às filantrópicas, porém só até 15% do que recebessem.

O segundo era ainda mais encarniçado: o sistema S tinha direito ao Fundeb?

O sistema S é um grupo de nove instituições cujos nomes começam todos com a letra S, indicando tratar-se de *serviços*. Algumas, como o Serviço Nacional de Aprendizagem Industrial, o Senai, foram criadas para oferecer treinamento profissional para os industriários, por meio do ensino de profissões técnicas. Surgiu em 1942, no governo de Getúlio Vargas. Outras, como o Serviço Social do Comércio, o Sesc, pretendiam melhorar a qualidade de vida dos trabalhadores por meio de ações nas áreas de educação, cultura, lazer e assistência. São mantidas com contribuições obrigatórias por parte das empresas. Muitos defensores do Estado agigantado se opuseram, e eu me opus a eles por considerar que, se tem alguém que sabe fazer educação profissional no Brasil fora das universidades, é o sistema S. Por mais que não seja perfeito.

Por fim, a terceira polêmica foi definir quem, afinal, são os "profissionais da educação" que seriam remunerados com os 70% do dinheiro do Novo Fundeb. A Lei de Diretrizes e Bases da Educação, a LDB, tem uma definição que eu trouxe para o meu relatório. A ela acrescentei todos aqueles que trabalham na rede educacional diretamente com educação. Houve muito debate e acabei construindo um texto mais ou menos razoável que incluía também psicólogos e assistentes sociais, categorias profissionais fora da LDB. Em nome do consenso possível entre oposição e governo, e preservando o que eu achava mais importante e inovador no relatório – o Vaar –, excluí do texto final a dotação às filantrópicas e ao sistema S e mantive o texto intermediário sobre os profissionais da educação. Com esse relatório, obtive a aquiescência da oposição, que, no entanto, exigiu de mim um acordo com o governo segundo o qual não haveria votação de destaques, ou seja, as partes que tínhamos descartado não seriam ressuscitadas.

Fui ao governo, mas não consegui arrancar o acordo que a oposição tinha cobrado de mim. Imediatamente, por telefone, informei alguns membros da oposição, certo de que a notícia seria transmitida ao coletivo.

No início da sessão, quando inquirido por uma deputada, reiterei ao microfone que o acordo de não apresentar destaques havia sido negado pelo governo. Mas isso não foi suficiente.

Meu texto foi colocado em votação e, conforme combinado com a oposição, foi aprovado. Tudo lindo... até o governo começar a apresentar destaques: as filantrópicas também teriam direito a verbas do fundo, bem como o sistema S, e a definição de quem eram os profissionais da educação voltou a ser a mais ampla possível.

A oposição ficou furiosa comigo. Fui chamado de agente duplo, como se eu tivesse combinado uma coisa com eles e outra com o governo, e na hora H tivesse me curvado à bancada governista. É óbvio que não houve combinado algum, nem seria possível fazer isso sem ser descoberto. Meu texto foi para o Plenário tal como pactuei com a oposição. Mas não adiantava argumentar. Foram onze horas de votação em que fui chamado de traidor, de deputado comprado pelos banqueiros e outras coisas pesadíssimas. Na verdade, fiz um acordo, cumpri e o governo, na figura de Ricardo Barros (PP-PR), não topou. Alguém disse que, naquela noite, a educação dormiria em lágrimas.

O dia que seria de celebrar a minha maior conquista virou totalmente do avesso. Relator não é ditador. Mas isso parecia difícil de entender, ao menos para uma parcela do Parlamento. O texto modificado pelo governo foi para o Senado, onde ganhou relatoria de Izalci Lucas (PSDB-DF). Conversamos muito, eu colocando-o a par do pandemônio que tinha sido a votação na Câmara, ele me assegurando que tentaria a melhor construção possível. No dia da votação no Senado, eu estava lá quando sugeriram que fosse votado o texto do relator – eu! Ou seja, aquele mesmo texto acordado lá atrás com a oposição, sem os destaques do governo. Inacreditavelmente, vários senadores foram acatando o meu texto original, que acabou aprovado com boa margem. Na volta para a Câmara, apesar de a bancada governista trabalhar pela volta dos destaques, conseguimos aprovar meu primeiro relatório.

Para mim, aquilo não teve sabor de vitória. Fiz um esforço hercúleo para conciliar interesses, abri mão de posições pessoais que sempre considerei essenciais para o avanço do Brasil em nome do diálogo com a oposição e, mesmo assim, fui chamado de agente duplo. Vale dizer que eu tinha tudo para "tratorar", um termo muito usado no Congresso para se referir a votações em que, sabendo que tem maioria, um lado simplesmente atropela o outro sem qualquer consideração por seu ponto de vista. O governo concordava com meu texto original, antes dos acordos com a oposição. Sentar e conversar: a frase de Nelson Jobim ecoava na minha mente. Democracia não é só a vontade da maioria – é a vontade da maioria sem atropelar a minoria. O Novo Fundeb foi aprovado em dezembro de 2020, no apagar das luzes de um ano intenso.

XXIV. Lira ou Baleia: uma escolha mais sutil do que parecia

Em 2021, as atividades presenciais no Congresso começaram a se intensificar. Logo de cara, tínhamos um embate decisivo para o futuro do país: a escolha dos presidentes da Câmara e do Senado.

Na verdade, essa decisão tinha começado vários meses antes.

Àquela altura, eu me considerava parte de um grupo de deputados a quem chamavam de "bloco dos independentes". Nossa vinculação partidária não era decisiva para nossos votos e, apesar de termos muitas diferenças, alimentávamos o objetivo comum de apresentar pautas mais positivas para o Brasil, sem interesses paroquiais. Faziam parte do bloco Tabata Amaral, Professor Israel (PV-DF), Kim Kataguiri (eleito em 2018 pelo DEM-SP e que migrou para o Podemos em 2022), Raul Henry (MDB-PE), Eduardo Cury (PSDB-SP) e outros. Estávamos preocupados com a sucessão de Rodrigo Maia, que, a meu ver, havia demorado demais para pôr o processo na rua. O então presidente da Câmara lutara por seu direito à reeleição, mas a manobra, inconstitucional, foi vetada pelo Supremo Tribunal Federal. Quando esse nó se desfez, havia pelo menos cinco candidatos pleiteando o apoio de Maia, uma pulverização que favorecia a ala governista da Câmara – já que o então presidente vinha assumindo posições cada vez mais claras contra o governo Bolsonaro. E, na ala governista, ninguém tinha mais força naquele momento do que Arthur Lira, do PP de Alagoas.

Conheci Lira na Câmara e, apesar das nossas muitas discordâncias políticas, me surpreendi com sua figura de trato cordial. Lira já vinha fazendo campanha desde o início de seu mandato. É um deputado que sabe atuar nos bastidores e conquistar a simpatia dos colegas.

Eu já via Lira à frente na disputa quando Rodrigo Maia finalmente fechou com Baleia Rossi (MDB-SP). Até isso acontecer, houve muita confusão com outros candidatos, que a princípio se alinhavam com Maia, abrindo mão das próprias candidaturas e desertando para o lado de Lira.

Eu já tinha entendido que Lira é um cara competente. Ele insistia que iria colocar em votação as reformas de que o Brasil precisa para superar o atraso, como a administrativa e as privatizações. Baleia Rossi era mais evasivo no que dizia respeito a essas questões. Por outro lado, era o candidato que encarnava com mais força a ideia de uma Câmara dos Deputados independente. Lira era, e é, um expoente do Centrão.

Naqueles dias, muito se falou que Rodrigo Maia emperrava as reformas propostas pelo governo, na tentativa de enfraquecê-lo e ao candidato que apoiava. Para mim, sempre esteve claro que esse discurso era balela. Sob Maia, a Câmara bateu o recorde de votações em 2020. Aprovou-se uma série de medidas importantes para o governo Bolsonaro: a reforma da Previdência, o Marco do Saneamento Básico, a MP da Liberdade Econômica, a Lei da Cabotagem, o próprio auxílio emergencial, que socorreu tantas famílias durante os primeiros meses da pandemia, a nova Lei do Gás.

Obviamente existiam conflitos programáticos entre Maia e o presidente. Havia também conflitos de visão de mundo: sempre que Jair Bolsonaro ou seus filhos faziam comentários autocráticos ou antidemocráticos, Maia reagia com força. Mesmo assim, não houve algo importante que não tenha andado. Baleia Rossi, ainda que representasse uma atitude mais independente, estava, sim, comprometido com as reformas, votando com o governo em quase todas as frentes – o MDB, via de regra, é um partido governista. No entanto, atribuíram-lhe a pecha de candidato da oposição, que colou e o prejudicou.

Escolher entre Lira e Baleia Rossi não era uma escolha entre céu e inferno. Muitos oposicionistas argumentavam que Lira era réu em processos por corrupção ativa e passiva, formação de quadrilha e lavagem de dinheiro. Verdade, mas

Baleia Rossi também era investigado por fraudes, ainda que se pudesse argumentar que havia uma boa distância entre as acusações que pesavam sobre ambos.

As semanas que antecederam a votação para a presidência da Câmara foram de muitas conversas. Fui cortejado por ambos os candidatos e estive ao menos duas vezes com cada um. Comigo, falavam sobre pautas: discutíamos minha possível indicação para a relatoria de alguma comissão importante ou o debate sobre matérias econômicas ou da área de educação que eu considerava importantes. Sei que nem todas as conversas eram assim; com outros deputados falava-se de emendas e de cargos no governo, mas comigo nunca houve isso.

Quando me decidi por Baleia Rossi, passei também a trabalhar por ele – o que, com o tempo, foi ficando cada vez mais difícil. A certa altura, surgiram os primeiros rumores de que o DEM, partido de Rodrigo Maia, desembarcaria do bloco do próprio Maia! A lógica do funcionamento da Câmara é que convida a esses movimentos bizarros. Os partidos que têm candidatos organizam-se em blocos e, quando vitoriosos, esses blocos conseguem emplacar cargos na mesa diretora, formada por sete deputados: além do presidente, dois vices e quatro secretários. O maior bloco geralmente fica com a primeira vice-presidência ou a primeira secretaria; quanto maior o bloco, mais cargos leva na mesa diretora.

Esse é o grande jogo de poder em torno da eleição da presidência da Câmara.

Sem falar que, ao assumir um posto na mesa diretora, o deputado tem direito a mais uma cota de assessores, que pode chegar a dezenas de novas nomeações. Entende-se, nessa lógica fisiológica, que o DEM tenha querido abandonar o barco, mas isso faria desmoronar toda a nossa articulação para a eleição de Baleia Rossi. Quando, no fim de semana anterior à votação, o DEM anunciou que ficaria neutro na disputa, sem apoiar Lira, mas tampouco alinhando-se ao candidato de Rodrigo Maia, ficou óbvio para mim que a decisão teria um efeito dominó. Não demorou a surgir boatos de que o PSDB, que estava do nosso lado, também cogitava retirar o apoio (mantiveram-se fiéis, mas as negociações foram complicadíssimas). Os indecisos dentro do PSDB e de outros partidos que tinham se alinhado conosco não tardaram a balançar também.

O dia da votação foi dos mais tensos que vivi na Câmara. Apesar dos apelos por distanciamento e do combinado de chamar deputados a votar em intervalos preestabelecidos, houve aglomeração e tumulto. Tanto Lira quanto Baleia Rossi fizeram bons discursos. Mas não houve jeito: o pepebista de Alagoas ganhou de lavada, por 302 votos a 145.

Encerrada a contagem, Maia, cumprindo os ritos da Câmara, anunciou a vitória do adversário e cedeu-lhe a cadeira da presidência. Lira fez um discurso a favor do coletivo, lembrando que a Casa era de todos – o mote de sua campanha – e, uma vez acomodado, lavrou seu primeiro ato, que foi... acabar com o bloco costurado por Rodrigo Maia e garantir a seus apoiadores seis das sete vagas na mesa diretora. Uma atitude autoritária que acirrou ainda mais os ânimos e só foi atenuada quando Baleia Rossi ameaçou levar o caso ao Supremo Tribunal Federal.

Escolhi trabalhar por Baleia convencido de que não era possível ter uma Câmara totalmente rendida ao governo. Esse voto me custou caro junto a boa parte do meu eleitorado. Minhas redes sociais estavam claramente divididas. Metade aplaudia meu voto, a outra metade me chamava de "traidor da pátria". Tenho uma base forte em Linhares, formada por amigos meus, amigos da família e empresários da região, alguns dos quais são bolsonaristas. Para estes, só a candidatura de Lira promoveria as reformas de que o país precisa – uma narrativa criada em torno do pepebista que teve grande aceitação entre os eleitores de Bolsonaro. Esses eleitores desconsideraram dois argumentos: primeiro, o de que Baleia também votava majoritariamente alinhado ao governo; segundo, o de que, se Lira encampasse as reformas que defendo e pelas quais luto, eu trabalharia com ele sem pestanejar, como faço hoje nas votações das reformas.

Quando declarei meu voto, da mesma maneira transparente com que conduzo meu mandato, fui brutalmente atacado nas redes sociais. Pessoas paravam meu pai na rua em Linhares para falar que tinham "desperdiçado" seu voto comigo. Foi duro, mais ainda porque essa opinião deriva de uma percepção completamente equivocada de por que fiz o que fiz. Assim é a vida de um político: não se pode agradar a todos. O cara que entra para a política tem de saber que às vezes será odiado. Falo de ódio mesmo; de gente que me xinga na minha cara. Acredito, porém, na transparência radical e na coerência entre meus votos e minhas propostas de campanha. Não descumpri nenhuma promessa que fiz; aliás, estou cumprindo todas. Sei que havia expectativas divorciadas dos meus propósitos – e as pessoas que as tinham, naturalmente, vão se decepcionar. No outro extremo, sempre que caminho por Vitória, alguém se aproxima para me cumprimentar pelo meu trabalho e sugerir que eu me candidate ao governo do meu estado. Quero deixar registrado aqui que essas pessoas já me salvaram em dias muito ruins. São anjos que aparecem. O cara que entra para a política tem de saber que também será amado, e em muitas situações isso equilibrará os dissabores que vivemos.

Apoios vão e voltam. Alguns, claro, nunca voltam. Muitos eleitores, com o tempo, percebem qual é a minha linha de ação e reconsideram suas críticas a mim. A grande dificuldade de um político como eu, que se assume como de centro, é racional e sempre considera as evidências científicas na tomada de decisões, consiste em explicar o que faço e por quê. Seria muito mais fácil lacrar nas redes sociais sendo só governo ou só oposição o tempo todo. Agindo assim, ora ganharia muitos *likes*, ora muitos *haters*, mas não há dúvida de que a vida fica mais simples na bolha. Muito mais complexo é o caminho do meio: apoiar o que é bom, o que as evidências dizem ser correto, e opor-se ao que é ruim, aceitando as consequências.

Com o tempo, o político que é movido por um propósito, pelo sonho de um país melhor, vai ganhando a musculatura emocional que lhe permite prosseguir em sua jornada. É preciso saber aonde se quer chegar. Se temos essa consciência, aguentamos o tranco. Sem ela, nos perdemos. Sei de casos de infartos, de exaustão, de gente que não sabe por que está na política e entra em agonia em vida. Sem rumo, a ansiedade se instala.

A riqueza do político é o apoio popular e a credibilidade perante os colegas. Corremos o risco de enlouquecer quando algo ameaça essas moedas. Até a política, eu era o Furado, o cara boa-praça, benquisto, que achou tudo muito, muito difícil no começo. Até criar casca e entender que, no fim das contas, essas paixões são passageiras. Nas redes sociais, as pessoas são muito mais rudes do que pessoalmente, e às vezes agem assim apenas porque não entenderam – e talvez valha a pena explicar. Ou são grosseiras de fato, e nesse caso o jeito é aprender a lidar com elas. Por mais que a gente tenha equipes brilhantes e amigos fiéis, a política é um lugar de muita solidão, povoada de momentos muito desagradáveis.

Nesses momentos eu me lembro do meu pai. Sempre temos escolha.

XXV. O *HAMSTER* NA GAIOLA

Já sob a gestão de Arthur Lira, em março, o Congresso se preparou para uma das votações mais aguardadas e relevantes de 2021: a PEC Emergencial. Esse projeto de emenda à Constituição regulamentava o pagamento de um auxílio emergencial a pessoas cuja renda tivesse minguado ou desaparecido durante a pandemia, mas também estabelecia gatilhos que seriam acionados para assegurar o cumprimento das metas fiscais. Esse era um assunto que me interessava profundamente.

A PEC Emergencial pretendia oferecer um alívio aos milhões de brasileiros que, àquela altura, simplesmente não tinham comida para pôr no prato. Determinava, porém, que isso ocorresse sem descuidar do rigor fiscal, ou seja, assegurando que o governo não gastasse mais do que arrecada. Um equilíbrio bastante delicado, para dizer o mínimo.

Entre o muito que precisa acontecer para o Brasil dar certo, a questão fiscal me parece a mais árida e desafiadora. Há um motivo para isso: o custo está concentrado em grupos específicos, que se apropriam de recursos do Tesouro custeados por todos nós e, quando questionados, defendem seus privilégios com unhas e dentes. Já os benefícios da redução dos privilégios e de um ajuste fiscal rigoroso são difusos, apresentam-se no longo prazo e são de difícil percepção pela população em geral, que não se mobiliza em favor do ajuste.

Somos um país em que 34% da riqueza produzida internamente se converte em impostos pagos. É muito próximo do percentual que países mais desenvolvidos, como Reino Unido e Nova Zelândia, cobram de seus cidadãos. Mas, diferentemente do Brasil, essas duas nações – e há outras – oferecem serviços públicos de alta qualidade e conseguem empregar o que arrecadam para reduzir a desigualdade.

A verdade é que cobramos mal nossos impostos. O sistema tributário brasileiro faz tudo ao contrário do que as boas práticas no mundo inteiro recomendam. Para começar, taxamos mais os bens de consumo do que a renda, o que, naturalmente, torna o sistema mais regressivo: quem tem mais paga menos e quem tem menos paga mais. Além disso, a tributação dos bens de consumo se dá na origem, ou seja, na produção, induzindo os estados a uma guerra de deduções fiscais. Isso aumenta absurdamente a complexidade de todo o sistema – sabemos que cerca de 40 mil normas tributárias são emitidas todos os anos nas esferas federal, estadual e municipal, o que torna praticamente impossível conhecer e entender tudo em profundidade.

Se arrecadamos mal, gastamos pior ainda. Além de um terço de toda a nossa riqueza virar imposto, mais de 40% da renda que geramos passa, de alguma forma, pelas mãos do governo. Isso porque o Estado capta dinheiro na sociedade para quitar suas dívidas por meio de mecanismos financeiros que todos conhecemos – o Tesouro Direto talvez seja o exemplo mais à mão.

Afinal, se não consegue utilizar o que arrecada para minimizar as desigualdades, como o governo gasta o dinheiro dos nossos impostos e uma parcela tão grande de toda a riqueza que produzimos? Chego então ao que considero o grande problema do Brasil hoje: os gastos obrigatórios. São despesas previstas no Orçamento Geral da União que, como diz o próprio nome, o governo é obrigado a executar porque estão definidas em lei ou em emendas à Constituição. Nosso maior gasto obrigatório hoje é a Previdência Social, que consome sozinha mais da metade de toda a arrecadação nacional. Na sequência, há os gastos com pessoal, com alguns programas sociais, como o Bolsa Família, e com contratos firmados; os salários milionários de certas castas de funcionários públicos também estão incluídos nas despesas obrigatórias.

Essas despesas, somadas, respondem por praticamente 94% do orçamento brasileiro.

O que sobra, cerca de 6%, recebe o nome técnico de despesas discricionárias e é motivo de embates ferozes no Congresso Nacional por ocasião do desenho do orçamento da

União para o ano seguinte. É com esses 6% que o país constrói estradas, banca despesas com defesa, transfere verbas para os municípios construírem escolas e hospitais e paga as emendas dos parlamentares, inclusive as polêmicas emendas do relator – ou seja, é com essa porcentagem, tão pequena, que se financiam as políticas públicas brasileiras.

Para mim, não deveria haver gastos obrigatórios. Deveria haver *resultados* obrigatórios ou, no mínimo, gastos obrigatórios atrelados a resultados, como já fazem o Ceará e alguns outros estados, por exemplo, ao reservar uma parcela do ICMS para os municípios que conseguem melhorar o desempenho educacional de seus alunos. Dessa forma, é premiado não apenas quem está na frente, mas quem se esforçou mais – o que, para mim, é a melhor definição de meritocracia.

Fato é que, com uma fatia enorme do orçamento já comprometida de antemão, a sociedade brasileira simplesmente não detém poder de escolha sobre o uso do próprio dinheiro. Pior: ela escolhe *não ter* poder de escolha. A cada ano aprovamos mais e mais leis e emendas constitucionais que bloqueiam novas parcelas do orçamento obrigatório. Sem atrelar gastos a resultados, caímos facilmente na armadilha do populismo.

Para agravar esse quadro, o Brasil ainda tem uma peculiaridade: todos os nossos gastos obrigatórios estão atrelados à inflação e ao salário mínimo, ou seja, a cada soluço da inflação há reajustes automáticos para o serviço público, para a Previdência e para vários benefícios sociais e contratos. Segundo a Instituição Fiscal Independente, órgão vinculado ao Senado, criado em 2016 para melhorar a transparência das contas públicas, cada real a mais no salário mínimo aumenta em 450 milhões de reais anuais o gasto público obrigatório. Uma pirâmide pronta para desmoronar. Na Suécia, conhecida por ser um Estado modelo de bem-estar social, nenhum benefício está vinculado à inflação. Pode haver aumento, claro, desde que exista espaço no orçamento para isso e a sociedade, por meio do Parlamento, decida que assim deve ser. Essa posição é fruto de uma duríssima reforma fiscal implementada nos anos 1990, que manteve o Estado de bem-estar social, porém dentro de uma estrutura fiscal responsável.

Na pandemia, a maioria dos brasileiros viu seus rendimentos minguarem. O desemprego explodiu. Os servidores públicos, no entanto, são exceção nesse cenário sombrio: não perderam um centavo de renda; mantiveram seus empregos; e, graças à Lei Complementar nº 173/2020, preservaram a regra dos aumentos de salário por progressão e promoção – e, claro, a indexação. Sempre que se tenta fazer algo para conter essa vinculação, as corporações do funcionalismo público impedem, gerando impacto forte no gasto público. Um aumento salarial atrelado a uma inflação de 4%, por exemplo, para determinada categoria retirará 4% de verbas que poderiam ser empregadas em políticas públicas. Novamente: estradas, escolas, hospitais.

O Brasil roda em falso, como um *hamster* em sua gaiola, fazendo girar uma roda que não o levará a lugar algum. Não apenas fracassamos em reduzir os gastos obrigatórios para enquadrá-los em uma estrutura fiscal que sirva aos melhores interesses do país, como também trabalhamos para ampliá-los por meio de mecanismos perversos de indexação.

Quando da votação da PEC Emergencial, as atenções se concentraram no auxílio emergencial, o que era mais do que justo no momento da pandemia. Infelizmente, falou-se muito menos de outro aspecto tão importante quanto: as travas aos gastos obrigatórios. Em seu texto original, a PEC previa que, se os gastos obrigatórios chegassem a 95% do orçamento da União, automaticamente seriam acionadas barreiras para que não ultrapassassem esse patamar. Uma dessas travas era justamente o impedimento de progressões de carreira; o funcionário não poderia ser promovido, a menos que houvesse espaço orçamentário para isso – ou seja, que os gastos obrigatórios ficassem abaixo de 95% do orçamento.

Essa foi a única trava rejeitada. As corporações se mobilizaram. "Ora, como ficaremos sem reajustes e promoções?", questionaram os policiais, argumentando que devem ser valorizados porque dão a vida pela sociedade. Não discordo disso. Aplaudo e valorizo o trabalho do funcionalismo público – policiais, professores, médicos, militares, tanta gente brava que move o nosso país.

O problema não é esse. Não se trata de mérito.

O problema é que não há dinheiro. Trata-se da nossa *incapacidade coletiva de pagar essa conta*. Quando um governo não concilia os aumentos do funcionalismo e os recursos existentes no orçamento, o resultado é inflação (um imposto sobre os mais pobres) e o endividamento de futuras gerações para pagar os gastos do presente.

No momento em que o governo está com quase 95% de sua renda comprometida, de nada adianta dar aumento aos policiais: não haverá armas para o combate ao crime, porque armas não constituem gasto obrigatório, ou seja, têm de caber naqueles 5% restantes. De nada adianta dar aumento aos professores, porque faltará dinheiro para computadores, softwares, até mesmo para giz. O enfermeiro garantirá a recomposição de seu salário, mas não terá gaze para fazer curativos nos hospitais públicos. Estamos nos aproximando desse cenário, e os representantes dessas categorias, fortes e atuantes, trabalham para impedir correções que, no fim das contas, melhorariam suas condições de trabalho e a qualidade de serviços vitais para a população, sobretudo a mais carente.

Por que é tão importante equilibrar a situação fiscal de um país – qualquer país? Porque ela afeta diretamente o desempenho de três indicadores essenciais do nosso cotidiano: os juros, a inflação e o câmbio.

Cada vez que investimos em um fundo, no Tesouro Direto ou na poupança, "emprestamos" dinheiro para o governo, que nos remunera por meio do pagamento de juros. Ao tomar nosso dinheiro emprestado, o governo se endivida. Assim, quem detém a dívida brasileira somos nós, milhões de brasileiros – e não algum banqueiro malvado imaginário. O Estado brasileiro, por sua vez, está pegando o nosso dinheiro, e pagando por ele, por uma razão muito simples: carrega um déficit que, no fim de 2021 estava estimado em cerca de 139 bilhões de reais. Pense comigo: o governo já é deficitário, pois gasta mais do que arrecada; seus gastos obrigatórios não param de crescer, porque são todos indexados; que futuro nos espera? Temo que, se a dívida pública mantiver esse ritmo ascendente, em algum momento correremos o risco de um calote, com as consequências já sabidas: retorno à inflação alta, flagelo que já assolou o país no passado, e deterioração ainda maior dos serviços públicos. Todos perderemos, inclusive as categorias profissionais que, ao lutar para manter privilégios, infligiram feridas mortais ao orçamento federal.

Mas não é só isso.

O quinhão de despesas obrigatórias do orçamento brasileiro é dividido em duas partes: primário e nominal. O primário diz respeito às despesas do governo para manter o país funcionando: a Previdência, o pagamento do funcionalismo, aquisição de equipamentos, construção de estradas e muito mais. O orçamento nominal corresponde às despesas financeiras do governo, ou seja, ao dinheiro que se destina ao pagamento dos juros e do principal de suas dívidas. Suponhamos que o governo contrate uma dívida para ser quitada em cinco anos. Ao longo desse período, pagará os juros combinados e, no final dele, terá de fazer o acerto do principal. Como arrecadamos menos do que gastamos, cada vez que o governo precisa quitar uma dívida antiga, precisa contrair uma nova. Em 2019, a diferença entre nossas despesas primárias e a arrecadação de impostos foi de 94 bilhões de reais. Negativos. Em 2020, um ano atípico e complexo por causa da pandemia, foi de 800 bilhões. Novamente, negativos. A Suécia, um exemplo que gosto de citar porque admiro a condução fiscal do país, tem um regime que determina o seguinte: todo ano, a arrecadação deve ser 1% maior do que a soma de despesas primárias e nominais no ano anterior (porque o país, naturalmente, tem dívidas, e não há nada de errado nisso. O problema no Brasil é outro). Se tivéssemos algo parecido aqui, esse superávit nominal de 1% equivaleria a cerca de 600 bilhões a mais de arrecadação – ou um corte do mesmo tamanho nas despesas. Isso reduziria profundamente o tamanho do Estado brasileiro.

Um credor deficitário não inspira confiança no mercado. É natural que, para obter mais crédito, esse credor pague cada vez mais caro, com juros sempre mais altos. Quando os juros sobem, há pressão sobre o custo de vida, que influencia o orçamento e sinaliza: haverá menos dinheiro para custear as políticas públicas necessárias para o avanço do país.

Os reflexos não param por aí. Considerando que uma boa gestão econômica consiste, basicamente, em manter o gasto público rodando direito, e que o Brasil não está fazendo a lição de casa, o real se desvaloriza frente a outras moedas, como o dólar, o que já está acontecendo. Você pode pensar: mas e daí que o dólar está alto? Ninguém come dólar. Sim, mas consumimos pão, que é feito de trigo, que é importado e pago em dólar – isso para citar um exemplo simples. O dólar alto atinge em cheio o preço de alimentos, combustíveis e de muitos itens do dia a dia do brasileiro, gerando o terceiro efeito perverso, que é a inflação. Os mais ricos, e até a classe média, em menor medida, conseguem se proteger da inflação. Os pobres, não. É sobre eles que incidem os efeitos mais perversos da alta no custo de vida. Fechamos 2021 com uma inflação anual de dois dígitos, um filme de terror para qualquer um que tenha vivido o fim dos anos 1980 e o início dos anos 1990.

No Congresso, me chamam de "fiscalista", adjetivo que aceito com muito orgulho. Sei que minha defesa do equilíbrio fiscal tem um custo alto em popularidade. Precisei de coragem para avançar na defesa da PEC, demonizada pela esquerda e por alguns grupos ao centro – o ônus de conquistar 308 votos para aprová-la coube, desde sempre, aos partidários da PEC, entre os quais me incluo. Minha postura não me trouxe nenhum ganho político, e tudo bem. Só me exaspero quando falam que bato na tecla do equilíbrio fiscal para agradar a banqueiros.

Um dos paradoxos trágicos do debate público brasileiro é este: aqueles na esquerda que se identificam como defensores dos mais pobres apregoam políticas públicas que, muitas vezes, transferem renda do "andar de baixo", como escreve o jornalista Elio Gaspari, para os mais ricos, o "andar de cima", aumentando a desigualdade. Enquanto isso, os que defendem políticas públicas contra os privilégios de corporações e grupos de elite são tachados de defensores de grandes empresas e banqueiros.

Na verdade, o Brasil é um dos poucos países nos quais a maioria dos partidos e dos políticos ainda não compreendeu que o equilíbrio das contas públicas é vital para o combate à inflação, a geração de emprego e a defesa dos interesses dos menos favorecidos.

A Alemanha manteve as contas muito equilibradas ao longo dos dezesseis anos de mandato de Angela Merkel, uma fiscalista de carteirinha. Lá, quando a inflação bate em 1% há revolta popular, porque o povo entende quanto isso o afeta. No Brasil, falar em equilíbrio fiscal é visto como um ataque aos pobres. Precisamos mudar essa realidade.

XXVI. O sindicato do cidadão brasileiro (#SQN)

Há um ditado segundo o qual aprendemos pela dor ou pelo amor. Melhor se fosse pelo amor, mas minha experiência é que os maiores ensinamentos chegam a nós pelo sofrimento. No caso da política fiscal responsável, creio que virá pela dor. Nossa história está repleta de exemplos. O Plano Real só veio quando nossa moeda, o cruzeiro real, estava completamente desacreditada, trazendo enorme sofrimento para o povo, com inflação na casa do milhar ao ano. Parece que viveremos processo parecido até que o Brasil se torne um país fiscalmente responsável. Precisaremos de líderes capazes e corajosos, que assumam um posicionamento fiscalista e expliquem à população por que só assim teremos uma vida melhor.

Como já disse, eu me considero um liberal na economia. Apesar disso, acredito em Estado de bem-estar social. Somos um país imenso, com um abismo de desigualdades e questões sociais desde sempre relevantes, mas brutalmente agravadas pela pandemia. A proteção aos vulneráveis é um dos eixos do meu mandato. Por ser um liberal que acredita na necessidade de proteção social, me declaro um fiscalista. Um Estado social eficiente, que protege os que mais precisam, tem de ser fiscalmente rigoroso. Não há outra saída.

Entendo que não seja simples. O custo das travas que nos ajudariam do ponto de vista fiscal concentra-se em algumas categorias, justamente policiais, professores, militares, servidores de carreira etc., cujos salários não seriam reajustados. É claro que há exemplos escandalosos, sobretudo no Poder Judiciário, de autoridades ganhando até 500 mil reais por mês, o que nos causa, a todos, uma indignação enorme. Muitas vezes ouvi que deveríamos começar nossa batalha fiscalista combatendo esses supersalários, o que seria quase uma questão moral. Ou declarando guerra a subsídios de setores organizados, muitos dos quais não fazem qualquer sentido nos dias de hoje. Sabemos, por exemplo, que os subsídios à Lei de Informática são ineficientes, assim como ao setor automotivo – segmentos da indústria que não oferecem contrapartida à sociedade e cujos benefícios ofertados pelo governo convertem-se, quase sempre, em lucro para as empresas. No entanto, tal como o Congresso está organizado hoje, não conseguimos debelar privilégios no "andar de cima".

Enquanto não resolvermos de uma vez que sistema tributário queremos para o Brasil, sempre haverá esse cipoal de supersalários e de subsídios para garantir a sobrevivência de setores específicos da sociedade, enquanto a economia como um todo agoniza.

O Projeto de Lei 6.726/16, que acabava com os supersalários, quase foi votado durante a pandemia. O então presidente da Câmara, Rodrigo Maia, chegou a colocá-lo em pauta. Estava na mesa dele. Nos dias seguintes, porém, estranhamente não se falou mais no assunto. Só em julho de 2021 o projeto foi aprovado na Câmara, tornando inconstitucional qualquer salário que ultrapasse o teto de 40 mil reais pago aos juízes do Supremo Tribunal Federal.

É óbvio que eu gostaria de começar desbastando privilégios de juízes e políticos, mas ainda não temos poder para fazer isso acontecer. Certa vez, participei de uma reunião com representantes de uma dessas corporações vindos de vários estados. Lembro-me de um deles ter se vangloriado de que, em seu estado, o problema estava resolvido. Os colegas quiseram saber como. "Lá, quando o salário 'bate' 100 mil reais, o cidadão não ganha mais um centavo", explicou ele, candidamente, como se limitar o salário do funcionalismo público de seu estado a 100 mil reais – uma fortuna para a maioria da população brasileira – fosse um feito heroico. "Ele só pode estar de brincadeira", pensei, furioso.

As corporações mais poderosas do Brasil não têm noção do que é o Brasil.

Nosso gabinete compartilhado fez as contas de quanto esses supersalários representam para o país. Somando os cargos de estados, municípios e do governo federal, chegamos a algo entre 6 e 9 bilhões de reais anuais. Pouco depois de termos feito esse levantamento, participei de um evento com o ministro Tarcísio Gomes de Freitas, da Infraestrutura – na minha opinião, o melhor do governo Bolsonaro. Divulguei esse dado e concluí:

– Imaginem se a gente entregar 9 bilhões por ano ao ministro Tarcísio. Imaginem o que ele faria pela infraestrutura do país.

Fui aplaudido e acabei engatando críticas duras às corporações elitistas que sustentam essas posições. Pois no dia seguinte fui alvo de nota emitida por uma delas, que justificava os salários impensáveis com o argumento de que exerciam um trabalho muito estressante.

O trabalho de um profissional de saúde que ganha 2 mil reais por mês e se arrisca em UTIs tomadas por doentes graves não é estressante?

No caso dos supersalários, não temos ainda no Congresso força política para travar um combate. No entanto, nem por isso devemos simplesmente deixar a questão de lado. Basta lembrar que as demais categorias do funcionalismo público, inclusive os profissionais de saúde do exemplo anterior, com seus gatilhos sacralizados, representam uma parcela muito mais relevante do ponto de vista fiscal. Penso que precisamos agir, e logo, onde for possível, embora também aqui encontremos obstáculos gigantescos.

Defender o fim de gatilhos para profissões tão claramente associadas ao bem-estar e à saúde das pessoas, claro, é tremendamente impopular. Por sua vez, se não tratarmos do problema, desencadearemos o ciclo vicioso que resultará no tripé juros altos/dólar alto/inflação em alta. Embora muitos brasileiros não se deem conta disso, o equilíbrio fiscal deveria ser um pleito de todos nós. Infelizmente, temos sindicatos para todas as categorias que seriam afetadas, mas não um sindicato do cidadão brasileiro. Esse sindicato deveria ser o Congresso Nacional, uma instituição à qual caberia lutar pelos interesses gerais e não por setores específicos. Infelizmente, não é. Quando aprovamos uma reforma da Previdência, estamos defendendo o interesse geral, sabendo que, se a situação anterior se mantivesse, o país quebraria e o povo ficaria na mão. No entanto, se incluímos nela um punhado de exceções e privilégios, estamos advogando por interesses específicos. Na Câmara, temos o deputado dos corretores de seguros, o deputado dos professores, o deputado dos enfermeiros, o dos bancários e muito mais – a soma deles todos, porém, não dá a sociedade inteira. De puxadinho em puxadinho, todos seremos prejudicados. Principalmente os mais pobres, os trabalhadores autônomos, os mais vulneráveis à inflação e ao desemprego e os que têm a maior fatia da renda tomada por impostos indiretos.

Na minha jornada como parlamentar, tenho sentido uma indignação crescente em relação a outros deputados que conhecem o problema, entendem seu significado e escolhem fechar os olhos para o desastre que se aproxima. Com o tempo, entendi que a forma como se ganha uma eleição definirá a forma como se governa. Se um político sempre recorrer a meios ilícitos para assegurar sua eleição, estará sempre preso a esses condicionantes. Ora, se um deputado vence com apoio do setor farmacêutico, dificilmente votará por medidas que firam os interesses de quem o ajudou.

Por isso minha campanha sempre teve uma pauta geral que beneficiava o Brasil – mesmo que esse benefício fosse difuso e minhas bandeiras soassem distantes do eleitor comum, como no caso da questão fiscal brasileira.

Nem todos estão desconectados dessa realidade, felizmente. O Novo, por exemplo, defende posições fiscalistas, como eu. E mesmo entre as corporações há quem enxergue a questão com lucidez. Fiquei muito emocionado quando um amigo me enviou uma mensagem escrita por um tenente da Polícia Militar do Rio de Janeiro sobre isso numa rede social. "Não adianta ter o salário reajustado se a moeda perder o poder de compra", escreveu o tenente. "O país necessita arrumar as contas públicas e sinalizar positivamente aos investidores. O Estado não produz riqueza. Quem produz é a iniciativa privada."

A PEC Emergencial, tal como foi aprovada, tem pontos positivos, mas podia ser muito melhor. Não ficou melhor por incompetência e pelo açodamento dos negociadores do governo e, lamentavelmente, também pela falta de compreensão de muitos deputados em relação ao tamanho do problema.

Quando cheguei ao Plenário do Congresso nos dias da votação da PEC, lembro-me bem da irritação que senti à medida que, texto-base já votado em primeiro turno, começamos a avaliar os destaques, que são os "pedaços" que grupos de parlamentares desejam tirar do texto. A rejeição da trava dos 95% foi parte de um acordo que permitiu manter outros pontos importantes, mas pode empurrar o país inteiro para uma situação pré-falimentar. No entanto, como o Congresso tem muitos representantes de forças policiais, assim foi feito. Insisto: não se trata de desvalorizar essas categorias de servidores públicos. Minha indignação é com a falta de entendimento das consequências.

Naqueles dias, dialoguei muito no Congresso. Aos que pouco conheciam minha trajetória, expliquei que venho do Espírito Santo, o estado com o melhor equilíbrio fiscal do Brasil. Só conseguimos esse resultado a partir de 2003 com o governo de Paulo Hartung, quando houve uma série de reformas e deixamos de dar aumento para o funcionalismo. Não foi fácil, nem o que gostaríamos de ter feito, mas não se tratava de querer: agimos movidos pela necessidade do controle fiscal, que, por sua vez, aumenta nossa capacidade de desenvolver políticas públicas. Em 2017, enfrentamos uma greve forte e pesada de policiais militares reivindicando melhores salários. O movimento durou 21 dias e resultou em mais de duzentos homicídios em um cenário de colapso da segurança pública, com reflexos que se estendem até os dias de hoje. Mas o governo se manteve firme em sua postura fiscalista responsável, reforçando os indiscutíveis méritos das forças de segurança do Espírito Santo sem negar a nossa incapacidade coletiva de pagar os aumentos naquele cenário.

Meus colegas de partidos de esquerda, contrários à aprovação da PEC, falavam da injustiça de negar reajustes a professores, profissionais de saúde e servidores que ganham 3 mil, 4 mil reais por mês. O ponto é que vivemos em um país pobre. Aqui, um funcionário que recebe 3 mil reais por mês já é mais rico do que 80% da população. Quem ganha 5 mil reais mensais já está entre os 10% mais ricos.

Embora eu tenha me detido na questão dos supersalários e do funcionalismo público, quero deixar claro que, em momentos de crise, todos deveriam ser chamados a contribuir. Parlamentares deveriam reduzir cargos comissionados para conter gastos. Governos deveriam diminuir subsídios de empresas para aumentar a arrecadação com um gasto que, na maior parte das vezes, é ineficiente. Essas medidas estão previstas na PEC Emergencial, mas ainda é pouco.

Quando o Brasil conseguir fazer os ajustes necessários, mesmo que sejam duros, teremos, afinal, um Estado lindamente capaz de investir. Precisaremos de líderes com coragem.

XXVII. Um orçamento zoado

Nos meus primeiros três anos de legislatura na Câmara dos Deputados, meu primeiro cargo eletivo, convivi com um catálogo completo das mazelas do Brasil. Mal a PEC Emergencial havia sido aprovada, com suas distorções, e tínhamos diante de nós a votação do Orçamento de 2021. Votação tardia: já se estava no fim de março quando finalmente foi aprovado e só no final de abril foi sancionado, com vetos, pelo presidente Bolsonaro, no maior atraso em quinze anos. Foi também uma votação confusa em torno de provisionamentos tecnicamente equivocados.

O Orçamento Geral, escrito assim, com iniciais maiúsculas, é a peça legislativa mais importante de um país. No entanto, com mais de 90% da arrecadação atrelada às despesas obrigatórias, a disputa em torno do que resta, as chamadas despesas discricionárias, é acirrada – e nem sempre atende aos melhores interesses do país. Mas mesmo entre as obrigatórias há embates, e parte do problema responde pelo nome de "emendas parlamentares".

Essas emendas podem ser de quatro tipos: individuais, propostas por deputados ou senadores com mandato vigente; de bancada, reunindo parlamentares do mesmo estado, mesmo que de partidos diferentes, que somam esforços para realizar projetos estaduais de grande porte; de comissões, que são apresentadas por comissões permanentes ou técnicas das duas Casas legislativas; e do relator do orçamento, incluídas pelo próprio com base em demandas de outros parlamentares – o que, naturalmente, coloca o relator em posição de poder junto aos pares. Desde 2015, por meio de intervenções no texto constitucional, o Congresso vem alterando o status dessas emendas, hoje de execução obrigatória, ou seja, o Poder Executivo precisa pagá-las e fim de papo. No Orçamento de 2021, as emendas individuais chegavam a 16 milhões de reais, que cada parlamentar podia alocar como quisesse. As de bancada passavam de 200 milhões. As de comissões variam bastante, mas ainda assim estavam a anos-luz das emendas do relator, o senador Marcio Bittar (MDB-AC), que estavam na casa dos 26 bilhões de reais.

Você, leitor, não leu errado: *26 bilhões de reais* foram parar nas mãos do relator para distribuir entre os coleguinhas na forma de emendas parlamentares.

O orçamento já tinha chegado à Câmara com um grave defeito de origem: estourava em mais de 17 bilhões de reais o teto de gastos, o limite de despesas que a União pode fazer, regra fiscal incluída na Constituição em 2016 e em vigor desde 2017. Se já havia necessidade de cortes, imagine depois desse adendo disparatado. Para justificar o valor, o grupo de parlamentares ligado ao relator inventou projeções impossíveis de crescimento para o ano, tirou 8 bilhões de reais da Previdência, mais 8 bilhões do abono salarial, quase 3 bilhões do seguro-desemprego, entre outras fontes, e entregou a Marcio Bittar. No fim das contas, faltaria dinheiro para pagar a aposentados e desempregados, mas jorrariam verbas nas bases eleitorais de deputados, assegurando a reeleição em 2022. Mais do que trazer votos, algumas vezes as emendas geram "comissões" para deputados e prefeitos. Todos conhecemos histórias de parlamentares que enviam milhões para prefeituras e exigem dos prefeitos que lhes devolvam uma porcentagem. Ou que promovem licitações sob medida para empresas ligadas a eles próprios. Não temos provas, por isso não existem denúncias, mas sabemos que acontece.

Sempre estive muito empenhado em entender as normas de funcionamento do Congresso e trabalhar de acordo com elas, questionando quando achasse pertinente. Mas a apresentação do orçamento para 2021 se deu de maneira tão confusa que eu – e muitos outros – demoramos a entender a gravidade do cenário que se armava. Nos dois ou três dias anteriores à votação, houve muitas mudanças num documento que, por si só, já é de enorme complexidade. Não tenho dúvidas de que foi algo deliberado, uma estratégia para manter o volume das emendas do relator. No próprio 25 de março, uma quinta-feira, dia da votação, a orientação do meu partido ainda era votar para aprovar. Só no finalzinho do dia, lendo e analisando o texto, compreendemos quanto ele era malfeito. Pior: uma vez aprovado, praticamente obrigaria o governo a cometer crime de responsabilidade, pois despesas obrigatórias precisam ser pagas – e pagá-las significava explodir o teto de gastos.

E não parávamos de descobrir "furos". Por exemplo: parte do dinheiro amealhado para formar a bolada das emendas do relator fora subtraída do Pronaf, sigla para Programa Nacional de Fortalecimento da Agricultura Familiar, um crédito subsidiado, operado pelo Banco do Brasil. Se o dinheiro para o Pronaf não mais viria do Orçamento da União, o próprio banco teria de bancá-lo. Ora, a situação em que um banco público financia o governo tem nome: pedalada, o mesmo estratagema que tinha custado a Presidência a Dilma Rousseff em 2016.

Eu já havia passado por uma votação de orçamento antes, em 2019, mas tinha sido bem diferente. Por mais que tivesse críticas à alocação dos recursos prevista no orçamento anterior, é estarrecedor que ele chegue ao dia da votação com erros técnicos tão sérios. Números maquiados, que vinham sabe-se lá de onde, e distorções como destinar ao Ministério da Defesa o maior valor entre todos os ministérios nos deixaram, a mim e a um grupo de deputados com quem tenho mais afinidade, de cabelo em pé. Com todo o respeito aos militares, a defesa não é prioridade no Brasil. Supersalários não são prioridade no Brasil. O Censo é prioridade, e ainda assim não o teríamos, naquele momento, se dependesse do governo (meses depois, o Supremo Tribunal

Federal determinou a realização em 2022). Como o Brasil faria políticas públicas sem os resultados do Censo? Sem esses dados não sabemos onde está a pobreza nem como atacá-la de maneira eficaz.

E eu quase votei a favor dessa bomba, tamanha a confusão que se armou.

Os primeiros alertas vieram da minha equipe e do gabinete compartilhado. Rodrigo Maia e a consultoria da Câmara também se deram conta do erro. O Ministério da Economia não parava de denunciar o risco de pedaladas. No entanto, não sei se por ignorância, incompetência ou por causa de uma intenção velada de aprovar o indefensável, a Secretaria de Governo seguia mandando a bancada governista votar favoravelmente. Nos grupos de WhatsApp de deputados da base de apoio ao governo, cujas mensagens recebo por já ter votado em bloco em algumas situações (na reforma da Previdência, por exemplo), havia comentários na linha: "Vai chover emenda para todo mundo!" Claro, ia mesmo. Estavam inventando dinheiro que não existia.

No fim das contas, o orçamento foi aprovado na Câmara e no Senado e enviado para sanção presidencial, ainda que não com meu voto. Bolsonaro aprovou com vetos.

Refleti muito sobre a experiência da votação do Orçamento de 2021. Desde o início esteve claro para mim que os 26 bilhões das emendas do relator – que acabaram reduzidos a 19 bilhões depois dos vetos – serviriam como moeda de troca para comprar apoio ao presidente. Naquele momento, Bolsonaro vivia forte desgaste por causa da interrupção do auxílio emergencial, do aumento exponencial do número de mortes por Covid-19 – algo que mesmo as narrativas bolsonaristas mais fervorosas tinham dificuldade em desconstruir – e da falta de vacinas. Havia mais de uma centena de pedidos de impeachment na gaveta do presidente da Câmara. Para permanecer no cargo, ele precisava do apoio dos deputados do Centrão. Os bilhões da emenda do relator, portanto, tinham destino certo.

Nunca antes na história deste país um presidente da República entregou tanto dinheiro para emendas parlamentares. Mais do que uma prova da fragilidade de Bolsonaro, os 19 bilhões de reais de emendas do relator significavam que o chefe do Poder Executivo tinha abdicado de fazer política pública. Tudo bem, é possível argumentar que a emenda parlamentar, no fim das contas, se transforma em alguma política pública. Mas não é algo estruturado, nada desenhado pelo governo de maneira central. A verdade é que Bolsonaro não tinha, nunca teve, penso hoje, um projeto de país. E os parlamentares responsáveis pelo aumento exponencial e descontrolado dessas emendas se aproveitaram da fragilidade do atual ocupante do Planalto para direcionar bilhões de reais do Tesouro de modo a atender a seus interesses políticos, paroquiais e pessoais.

Eu entendia que o presidente estivesse disposto a tudo para se manter no cargo. Havia muito em jogo. O que me escapava era como os deputados, gente tão calejada no Congresso, ignoravam (ou não entendiam) as consequências de aprovar um orçamento tão equivocado.

Nesses anos como parlamentar, muitas vezes tive notícias de troca-trocas. "Ah, essa votação custa um milhão e meio", escutei certa vez – sabendo que o dinheiro não ia para o bolso do deputado, mas para uma emenda indicada por ele. Também soube de parlamentares que trocaram seus votos por dinheiro para atender a interesses paroquiais. Não há nada de errado em um deputado querer construir uma creche na cidade que o elegeu, pavimentar as ruas de um bairro ou reformar um posto de saúde em sua região. O problema é quando ele deixa de votar segundo suas convicções para contemplar esses interesses. Isso é fisiologismo, é péssimo e antiético. Acordos e trocas paroquiais são uma péssima forma de exercer a democracia.

XXVIII. Do PET Scan ao caminhão de lixo: os eleitores decidem

O que percebo é que falta ao Parlamento uma visão de Brasil. Não discutimos projetos estruturantes para o país. Projetos que, de verdade, farão o país avançar. Gostaria de ver no Congresso uma discussão séria, bem embasada e acalorada sobre onde alocar aqueles 19 bilhões de reais. Quando o dinheiro do orçamento é usado como moeda de troca de apoio político, o debate fica comprometido. O deputado ou senador vota em determinado projeto não porque é melhor para o país, mas porque o governo queria e pagou por aquele voto. Claro, há muitos que votam de acordo com sua consciência política quanto aos problemas do Brasil, mas estes precisavam ser mais numerosos. Ou jamais sairemos do nosso "presidencialismo de cooptação".

Por essa razão, defendo o orçamento impositivo, em que a parte do Orçamento Geral da União definida pelos parlamentares não pode ser alterada pelo Poder Executivo, ou seja, se a despesa está definida, o governo tem de liberar o dinheiro sem abrir janelas para outras discussões. Se assim fosse, o apetite de alguns parlamentares por dinheiro para aplicar em suas regiões eleitorais se converteria numa grande discussão sobre projetos para o país.

Quem tapa buracos não constrói estradas, porque não há tempo nem dinheiro para isso. Reconheço que há um dilema aí, porque o município, lá na ponta, de fato precisa que o buraco da estrada seja coberto; que o posto de saúde seja reformado; que projetos assistenciais locais recebam verba. Como, no fim do dia, o parlamentar precisa de voto, e como os eleitores o apoiarão na medida em que enxergarem seus "feitos", não há como escapar – e é para isso que existem as emendas impositivas individuais. O problema é que muitos não se satisfazem com elas. Além disso, o trabalho do parlamentar não pode se limitar a iniciativas paroquiais. Ele pensou em algo para melhorar o país? Tem gente que faz as duas coisas, representar seus eleitores e pensar grande sobre o Brasil, mas podemos fazer isso de um jeito diferente. Não precisa haver tanta cooptação, algo que nos empobrece como povo e nação.

Claro que eu, como deputado, acalento projetos. Há muita coisa que eu gostaria de fazer. Desde sempre, por exemplo, penso em criar no meu estado natal um núcleo de assistência para pessoas com deficiências sociocognitivas, um projeto grande, que custaria alguns milhões. Não precisa ser uma iniciativa individual: eu poderia enviar meu projeto para discussão no âmbito do orçamento, levando o crédito político por discuti-lo e por protocolar a emenda – tudo isso de um jeito muito mais republicano. Sendo um bom projeto, poderia crescer, cruzando as fronteiras do meu estado e virando uma ideia que meus colegas aplaudirão por ser massa e tentarão levar para seus estados.

Enquanto isso não acontece, organizei meu mandato para que as emendas impositivas individuais a que tenho direito – os 16 milhões de reais que cabe a mim definir onde aplicar – sejam decididas pelos eleitores. Funciona por meio de um Edital de Emendas em que todo cidadão do Espírito Santo pode inscrever seu projeto. Os projetos passam por um crivo inicial de conformidade feito pela minha equipe que consiste, basicamente, em estabelecer se foram cumpridas ou não as normas do edital. Na etapa seguinte, os aprovados na primeira peneira são analisados por um conselho do mandato, composto por especialistas de diversas áreas. Cabe a esses especialistas sinalizar se as propostas cumprem três critérios:

- se têm capacidade de gerar impacto, seja vertical (pouca gente, mas de maneira profunda), seja horizontal (atingindo grande número de pessoas);
- se são estruturantes e sustentáveis, capazes de se perpetuar sem necessidade de novos aportes – afinal, eu não serei deputado para sempre, provendo continuamente verba para aquele projeto; e

- se têm qualidade, isto é, se são apresentadas com transparência, informações robustas e objetivos claros.

São etapas bastante rigorosas.

Os projetos escolhidos são submetidos a votação popular por meio do aplicativo do meu mandato, o "Tem meu voto". Ao longo de 2020, mais de 30 mil pessoas baixaram o aplicativo e votaram em projetos pré-aprovados pela minha equipe. Os mais votados foram contemplados. É assim que venho tomando decisões.

Os projetos vitoriosos têm algo em comum: o engajamento da comunidade que propôs. Em 2020, a Associação Feminina de Educação e Combate ao Câncer (Afecc), uma organização fundada e tocada por voluntários em Vitória, levou ao edital um projeto ambicioso: a compra de um aparelho para realizar exames de PET Scan (ou tomografia computadorizada por emissão de pósitrons), muito eficazes para detectar precocemente vários tipos de câncer. É um equipamento caríssimo, que custava, na época, cerca de 6 milhões de reais. Nenhum parlamentar destinaria uma fatia tão grande do "seu dinheiro" a um único projeto, com tantas demandas espalhadas pelo estado, mas o edital, ao estabelecer critérios claros, abre espaço para que isso seja possível. A Afecc fez uma baita campanha e ganhou aquele que se tornou o primeiro PET Scan público do estado do Espírito Santo.

Quando comuniquei minha decisão de criar o Edital de Emendas, muitos eleitores de cidades pequenas reclamaram, imaginando que as cidades grandes sempre levariam a melhor. O tempo mostrou que isso não é verdade – mesmo porque essas comunidades menores criam redes de engajamento muito eficientes para promover suas causas. Foi assim com a Associação de Catadores de Lixo de Anchieta, um município litorâneo a cerca de 80 quilômetros de Vitória, com cerca de 24 mil habitantes. Os catadores queriam um caminhão extra para aumentar a capacidade de coleta, mobilizaram a cidade e ganharam o edital de lavada, deixando para trás vários projetos na capital. O dia da entrega do caminhão terminou com uma carreata, eu na boleia, muito feliz.

O aparelho de PET Scan e o caminhão de lixo são importantes para a população, mas nunca perco de vista os projetos estruturantes, aqueles que renderão dividendos de longuíssimo prazo. Um bom exemplo do meu jeito de atuar na Câmara é o projeto que estimulará a extração de sal-gema (halita) na região nordeste do Espírito Santo. Há décadas grupos de empresários e políticos do estado tentam destravar a exploração desse minério, que ocorre naturalmente nas proximidades do município de Conceição da Barra. A jazida foi descoberta em 1976, se espalha por quase 300 mil metros quadrados de área e é considerada a maior de toda a América do Sul. O sal-gema é utilizado para obtenção de cloro e empregado em diversas indústrias, como as de papel e de vidro. Há estudos mostrando que um projeto de extração bem elaborado, respeitando normas ambientais e conduzido longe de zonas urbanas, poderá gerar até 15 mil empregos em uma região bastante pobre do estado. Em Maceió, a exploração desregrada desse minério condenou um bairro inteiro ao afundamento, obrigando cerca de 17 mil pessoas a deixar seus lares. Não queremos desastres semelhantes no Espírito Santo – daí a importância de limitar a exploração a áreas rurais.

Eu tinha pouca informação sobre o potencial do sal-gema em terras capixabas até que, em 2019, Geovani, um morador de Conceição da Barra, entrou no meu aplicativo, clicou na aba "Notificações" e escreveu sobre a questão. Estava muito bem informado e pedia que, em meu mandato, eu atuasse para liberar a prospecção dessas jazidas, que tanto poderiam beneficiar a região. Levei o assunto à Agência Nacional de Mineração (ANM), ligada ao Ministério de Minas e Energia, e à Petrobras para criar um edital que permitisse a exploração do sal-gema. Vejo potencial para criarmos ali um grande polo industrial no estado.

O primeiro pedido para exploração da jazida foi feito no início dos anos 1980 e ignorado. As razões eram, sobretudo, políticas: deputados do Nordeste, grande região produtora de sal-gema, faziam de tudo para barrar a autorização, temendo a concorrência. A Petrobras, detentora da área, tampouco liberava a exploração. Muito se falava na extração de sal-gema no norte do estado, mas já era como um sonho no qual ninguém mais acreditava.

Acabei descobrindo que a ANM poderia liberar a exploração *apesar* da Petrobras. Em março de 2020 conseguimos a autorização. Houve um leilão para definir quais empresas poderiam explorar e o projeto finalmente começou a andar. A extração de sal-gema em Conceição da Barra vai mudar de verdade a vida das pessoas para melhor, ao longo de gerações.

Era exatamente o tipo de projeto estruturante que procurava, e ainda procuro.

XXIX. O meu projeto para o Brasil

A votação da reforma da Previdência, que já mencionei, me afastou de maneira inexorável do PSB. Que eu era um liberal e não tinha alinhamento com o viés "socialista" do partido estava posto desde o início. De certa forma, nossa relação – entre mim e o PSB – sempre foi como um beijo ruim, aquele em que nenhum dos dois se entrega de verdade. O partido nunca me convidou a assumir sequer um diretório municipal; do meu lado, não mudei as minhas convicções. Eu era grato pela acolhida, pelo apoio de Renato Casagrande, mas senti que aquele casamento, bem, não tinha futuro. Como de fato não teve.

Guardo enorme respeito pelo partido, apesar das duras críticas que o presidente, Carlos Siqueira, fez publicamente a mim e ao movimento Acredito, do qual sou egresso. Creio que toda a minha atuação parlamentar até aqui desmente o que ele afirmou. Vejo com clareza o papel do PSB no fortalecimento da democracia brasileira e entendo sua busca por consolidar uma identidade nacional, mas eu precisava cumprir meu papel em outro lugar. E foi assim que, em dezembro de 2021, me filiei ao União Brasil, partido no qual, acredito, poderei atuar em plena consonância com meus ideais e convicções.

A ruptura com o partido que inicialmente me acolheu abriu janelas mentais para que, pouco a pouco, com muita reflexão, estudo e sempre amparado por evidências, eu começasse a desenhar o meu projeto de país – o Brasil que eu quero, onde desejo passar todos os meus dias e, no futuro, quem sabe, criar meus filhos. Os pilares desse projeto são os mesmos que nortearam minha campanha à Câmara: governo eficiente e inovador, economia competitiva, educação de qualidade e proteção aos vulneráveis. Quero me estender sobre cada um desses pilares.

Governo eficiente e inovador

O primeiro ponto, aqui, é deixar bem claro o que entendo por "governo eficiente e inovador": é um Estado que consegue entregar políticas públicas eficientes e bem desenhadas para as pessoas que precisam delas, no momento em que essas pessoas precisam delas.

Na minha visão liberal, já deixei claro, a essa altura, que o governo não pode e não deve fazer tudo. O Estado não precisa ser dono de uma empresa de petróleo ou de um grande banco comercial. Defendo uma vasta agenda de privatizações segundo a qual o governo se desfaria de empreendimentos nos quais sua presença é supérflua e concentraria seus esforços e sua eficiência naquilo que de fato precisa fazer bem – sobretudo educação, saúde e segurança. Nas áreas que devem ser de sua competência, precisa ter clareza para identificar problemas, desenvolver soluções baseadas em evidências e implementá-las com eficácia, priorizando os mais pobres.

Quando o problema não for em área de sua competência, o Estado deve indicar de quem é, delegar e fiscalizar.

Vejo hoje uma grande confusão em torno do conceito de "público". Público, para mim, não quer dizer necessariamente controlado pelo governo, mas gratuito e de acesso universal. A maneira como determinado serviço será ofertado à população, se por empresa pública ou privada, é menos relevante do que a qualidade do serviço prestado. Sempre digo que as pessoas querem saneamento, não uma empresa de saneamento – e há uma diferença enorme entre esses dois conceitos.

Talvez a saúde nos ofereça o exemplo mais claro de como, na minha visão de governo, isso deveria funcionar. Acredito que o Estado tem de promover a saúde, mas não necessariamente deve provê-la. Não vejo razão para que concentre todos os postos de saúde sob sua gestão. Obviamente, acredito no nosso Sistema Único de Saúde, o SUS, que não se cansa de provar seu valor, e jamais atacaria a estrutura que já existe. Os dois melhores modelos de saúde pública do mundo, do Reino Unido e do Canadá, são estatais e incrivelmente bem-feitos, destoando do modelo estadunidense, que é privado e de altíssimo custo, deixando muitas vezes seus cidadãos na mão.

Pertencer ou não ao Estado não é garantia de sucesso, e estou convencido de que a população terá muito a ganhar se o SUS fizer parcerias com o setor privado. Desde que continue sendo um sistema de saúde gratuito e de acesso universal. Se o cidadão for atendido dentro de uma estrutura que respeita esses dois princípios, é irrelevante para ele se o serviço pertence ao Estado, à prefeitura ou se está vinculado a um hospital privado. Não vejo por que não possa haver parcerias público-privadas em que empresas construam e operem postos de saúde, desde que sejam para atender os pacientes do SUS. Não podemos ter preconceito com esses modelos; deveríamos ter preconceito, isso sim, com o cenário em que o cidadão chega ao posto de saúde e não recebe atendimento porque faltam médicos, remédios, profissionais. Porque o posto é mal gerido. Essa, sim, deveria ser a nossa (boa) briga. Quanto a ser estatal ou privado, me parece menos importante. Podemos contratar serviços públicos em hospitais privados. É o que acontece hoje, por exemplo, com os hospitais filantrópicos: o governo paga e regula a qualidade.

A ideia de que o governo "paga" me leva a outro ponto importante da minha proposta para um governo eficiente e inovador: a existência de mecanismos de contenção fiscal e equilíbrio das contas. De modo geral, o Estado, e não apenas o brasileiro, prefere aumentar gastos a revisá-los, abrindo a porta para endividamento e desordem fiscal. A mentalidade vigente é: "O programa social tal não deu certo? Ah, vamos criar outro programa social." Para combater isso, existem mecanismos como o teto de gastos – este, mesmo não sendo o melhor, já obriga (ou deveria obrigar) o Estado a fazer revisões periódicas e priorização de gastos. Vários países têm estratégias para revisar suas despesas de tempos em tempos e avaliar se ainda fazem sentido. Infelizmente, não o Brasil. Penso que todo e qualquer gasto, seja ele feito por empresa privada contratada, seja por empresa pública, tem de ser avaliado periodicamente. Atendeu aos objetivos? Avaliação de resultados é algo que falta ao serviço público como um todo. O que temos hoje custa caro e é ruim.

Mantemos vários programas ineficientes e desnecessários que seguem vivos porque a gestão pública não tem coragem de revisá-los (ou a má política não recomenda revisar, mas aí é outra história). Criar e fortalecer mecanismos para isso é fundamental para qualquer Estado eficiente.

Um governo eficiente também precisa gerir seus recursos humanos de maneira adequada. Cabe a ele organizar um serviço público bem preparado, motivado, que receba incentivos à produtividade e seja protegido da politicagem graças à estabilidade. Este último ponto merece atenção especial. Estabilidade não é blindagem nem impossibilidade completa de demissão: é uma garantia de que o funcionário não será afastado apenas porque determinado político não gosta dele. Um servidor pode ser demitido por não entregar resultados, por não ter atingido metas sucessivamente, mas não porque sua conduta desagradou a um político influente.

Além disso, a estabilidade garantirá a memória do conhecimento do Estado e, consequentemente, a perpetuidade das políticas públicas e de sua oferta eficiente à população. Não é à toa que no mundo inteiro há tantos defensores da estabilidade para o funcionalismo público.

Uma gestão eficiente de pessoas, alocadas nas posições certas e nos órgãos certos, será fundamental para que os servidores públicos possam oferecer as políticas públicas a quem precisa, na hora em que precisa e da maneira certa – a base da minha definição de governo eficiente. Toda política pública tem de ser revista de tempos em tempos, mas essa revisão deve se amparar em dados e evidências fornecidos por instituições idôneas e competentes, como o Instituto Brasileiro de Geografia e Estatística (IBGE), o Instituto Nacional de Estudos e Pesquisas Educacionais Anísio Teixeira (Inep), o Instituto de Pesquisa Econômica Aplicada (Ipea). Para que possam fornecer dados e análises confiáveis e precisas, esses órgãos precisam ser valorizados e fortalecidos – o oposto do que tem feito, de maneira sistemática, o governo de Jair Bolsonaro. São institutos como esses que nos abastecem com informação fidedigna para tomar as melhores decisões sobre as políticas públicas adequadas a cada momento.

Por fim, não é possível falar em governo eficiente e inovador sem mencionar o Estado digital. Hoje, um governo que não se digitaliza não governa mais. Teremos, como país, que fazer a ponte entre a digitalização e a eficiência estatal: os serviços ofertados pelo governo precisam estar nas mãos dos cidadãos. Por acreditar nisso, me empenhei tanto na aprovação da Lei do Governo Digital, de autoria do deputado Alessandro Molon (PSB-RJ), da qual fui relator na Câmara. Em vigor desde junho de 2021, essa lei determina a digitalização completa dos serviços oferecidos à sociedade e cria uma plataforma digital de acesso a todos os serviços dos três poderes da República, cuja chave de acesso é o CPF ou o CNPJ. Para a população, significa não precisar ir várias vezes a uma mesma repartição para obter um documento ou agendar rapidamente um atendimento que, de outra forma, poderia custar várias visitas às autarquias, como sabemos que acontece hoje. Desde a aprovação da lei, a digitalização já avançou muito no país, ainda que esbarremos na precariedade do acesso à internet para cerca de um quarto da população brasileira, segundo dados da Pnad Contínua 2018, divulgada em 2020 pelo IBGE.

Tenho muita confiança em que um Estado digital será muito mais permeável às soluções inovadoras para os problemas públicos, trazidas pelo setor privado, como já acontece em vários países do mundo e mesmo no Brasil. Surge um obstáculo, abre-se uma concorrência e o setor privado apresenta um punhado de soluções completamente inovadoras. Os problemas que o Estado precisa resolver são cada vez mais complexos e a solução deles exige agilidade absoluta, o que só a digitalização poderá prover.

Economia competitiva

Muito se fala – e me incluo nesse grupo – sobre o combate à desigualdade, mas essa bandeira é indissociável do crescimento e do aumento da riqueza do Brasil. Como já expus no capítulo "Um liberal por evidências", não vejo saída para "aumentar o bolo" que não passe pelo aumento da competitividade propiciado pelo livre mercado. Vale destacar que uma economia competitiva não interessa apenas aos empresários. É, em especial, uma questão relevante para os mais pobres, pois gera mais empregos e riquezas, distribui melhor a renda, contribui para o combate à inflação.

Uma das grandes dificuldades que nós, liberais, enfrentamos é a nossa incompetência para mostrar como o liberalismo favorece os mais pobres – mais até do que os mais ricos, ouso dizer.

Para assegurar uma economia competitiva, precisamos de uma simplificação de regras, com reformas e microrreformas em vários arcabouços legais de mercado.

A questão tributária é a mais urgente.

Se reuníssemos os maiores especialistas em tributação do mundo e pedíssemos a eles que criassem o pior sistema tributário do planeta, não dariam conta de fazer o brasileiro. O atual, regressivo, complicado e opaco, tributa o consumo mais do que a renda, onerando desproporcionalmente os pobres e os assalariados. Um cidadão que recebe um salário mínimo gasta praticamente todo o seu dinheiro com o consumo de alimentos e produtos de limpeza, itens fortemente tributados. Países desenvolvidos têm sistemas progressivos, ou seja, concentram a taxação na renda e não no consumo. Quem ganha mais paga mais impostos.

Além disso, como nosso sistema não é transparente, tampouco sabemos quanto de impostos estamos pagando;

em países que adotam o IVA, sigla para imposto sobre o valor agregado, é possível saber qual é o valor do produto e de quanto é o tributo.

Caso seguíssemos uma política tributária progressiva e implementássemos algumas reformas, haveria ganhos imensos de produtividade e de crescimento econômico no Brasil. O pesquisador Bráulio Borges, do Instituto Brasileiro de Economia (Ibre), vinculado à Fundação Getulio Vargas, tem um estudo segundo o qual, se tivéssemos aprovado a PEC 45, cresceríamos cerca de 33% nos próximos quinze anos pela simples mudança de regra. Essa PEC, de 2019, propunha a simplificação de várias regras – mas não representava uma mudança completa. Ou seja: somente com alterações *parciais* já teríamos um ganho brutal.

Outro ponto importante é simplificar regras que não são tributárias, como de cumprimento de contratos trabalhistas, sempre com o objetivo de simplificar e tornar os processos mais claros para empresários e cidadãos.

Em vez disso, temos um cenário em que, a cada ano, os órgãos de receita federal, estadual e municipal emitem cerca de 40 mil normas tributárias! Não há empresa que dê conta de tantas alterações e possa afirmar, com certeza, que está pagando os impostos que de fato deve. As consequências desse sistema bizarro se espalham por toda a sociedade. O setor privado aloca mal os próprios investimentos, inseguro sobre quanto pagará em impostos. Investidores estrangeiros pensam muitas vezes antes de se envolver nesse emaranhado tributário.

São pontos centrais para uma economia que se pretende competitiva, mas há outros.

Não podemos ter tantos mercados fechados. O Marco Legal do Saneamento Básico trouxe grandes conquistas nesse aspecto, da mesma forma que os marcos do gás e das ferrovias, que pretendem acelerar autorizações de operação e aumentar investimentos. Enquanto eu escrevia este livro, trabalhávamos também num novo Código de Mineração, sob medida para atrair mais empresas para atuar nesse setor.

Todos esses pontos, se equacionados, teriam um efeito benéfico para diminuir o Custo Brasil – o custo com que uma empresa precisa arcar pelo simples fato de estar no Brasil. Nossa grande confusão regulatória, tributária e trabalhista é um dos grandes responsáveis por isso, bem como a infraestrutura precária – já falei anteriormente sobre minha obsessão por esse tema e sobre a necessidade de firmar parcerias público-privadas para melhorar rodovias, ferrovias, portos, aeroportos. Quanto melhor a infraestrutura, quanto maior a disponibilidade de modais, menor o custo da logística e mais competitivos serão os produtos brasileiros. É na infraestrutura que o setor privado mais poderá ajudar o Brasil a se tornar um país altamente competitivo, além de lucrar, aumentar sua capacidade de distribuir riqueza e gerar empregos.

É preciso lembrar, ainda, que nenhuma nação do mundo resolveu a questão do crescimento sem fazer a abertura comercial. Todos os países ricos passaram por esse processo de maneira consistente, contínua e rápida, e o Brasil ainda está entre os que menos participam do intercâmbio internacional de bens e serviços. Quando menciono esse ponto em debates públicos, especialmente entre empresários, percebo insegurança e temor. "Mas o Custo Brasil é muito alto", argumentam essas pessoas. "Uma abertura comercial maior vai quebrar as empresas brasileiras!"

Penso diferente. Acredito que se, concomitantemente, abordarmos medidas para reduzir o Custo Brasil e nos abrirmos mais para o mundo, esse custo cairá mais rápido. Ao mesmo tempo, teremos produtos melhores aqui e levaremos nossos produtos e serviços ao gigantesco mercado mundial com mais eficácia.

Por fim, mas não menos importante, se queremos ser competitivos aqui dentro e lá fora, precisamos estimular a inovação, fundamental para nos tirar do patamar atual de desenvolvimento. Isso não acontecerá sem fortes investimentos, públicos e privados, em ciência e tecnologia.

Não dá para pensar em um projeto de Brasil sem valorizar esses campos de conhecimento vitais para que o país avance em inovação. Não tenhamos ilusões: o Brasil pode autodenominar-se "o celeiro do mundo" graças à sua produção graneleira e beneficiar-se de sucessivos ciclos de *commodities*, mas o que nos levará ao patamar das grandes nações do mundo são novos métodos inovadores de produção, produtos e serviços.

Para implantar no Brasil uma agenda Triple Helix, ou Hélice Tripla – a aliança harmônica entre Estado, mercado e academia –, precisaremos de previsibilidade de recursos para ciência e tecnologia. A ciência, especialmente de base, requer investimentos de longo prazo, que virão sobretudo de dinheiro público. Mas acredito nas grandes parcerias entre público e privado, academia e Estado, e entre academia e mercado para que ciência e tecnologia de fato solucionem problemas reais da economia e da sociedade. Em última instância, penso que todos os financiamentos para essa área, sejam públicos, sejam privados, deveriam ser *inspirados pelo uso* e conectados com potencialidades locais. Tenho como certo que o Brasil será a maior potência bioindustrial do planeta no dia em que implementarmos um grande programa de desenvolvimento da Amazônia (mantendo, claro, a floresta em pé!).

Educação de qualidade

Nesse pilar, minhas ideias sobre o que o Brasil de fato precisa estão muito afinadas com a agenda do "Educação Já", iniciativa elaborada pelo movimento Todos pela Educação em parceria com outras instituições. O objetivo da agenda é "subsidiar o poder público com diagnósticos detalhados e soluções concretas em sete temas estruturantes", informa o site do Todos,[*] onde também é possível encontrar o detalhamento dos temas.

Em essência, acredito que educação é aprendizado. Os alunos vão à escola para aprender e praticar habilidades socioemocionais e cidadãs, mas, no fim das contas, o que determina a qualidade da educação é a aprendizagem, algo que é possível medir. Para tal, é fundamental a realização de avaliações de eficácia do ensino em sala de aula, de acordo com as melhores práticas internacionais. Afinal, é impossível

---

[*] https://todospelaeducacao.org.br/educacao-ja/. Último acesso em 14 de novembro de 2021.

melhorar o aprendizado sem saber o que funciona e o que não dá resultado, apesar da grande resistência a isso por parte das corporações, especialmente de professores.

Obviamente, a conquista da qualidade deve estar alinhada a um grande programa de formação de docentes, tanto inicial quanto continuada, a financiamento alocado de maneira correta, a uma infraestrutura escolar – mas, em última instância, o que conta é: *o aluno aprendeu?* Essa é a pergunta que nós, como sociedade, precisamos responder com um "sim" e o mais breve possível, empenhando toda a nossa energia para garantir a aprendizagem.

No grande campo da educação há muito o que fazer, mas eu também concentraria esforços em formar uma espécie de poupança para a criança, desde a educação infantil, que ela poderá sacar ao terminar o ensino médio. Essa poupança teria uma dupla finalidade: estimular o aluno a avançar na vida escolar, obrigando-o a frequentar até a última etapa da educação básica, uma fase de grande evasão, e oferecer a ele um valor que poderá usar para financiar um curso superior ou empreender. Já existe muita evidência de que jovens que se formam no ensino médio obtêm na largada uma certa proteção à renda, pois conseguirão empregos um pouco melhores.

Trabalharia, ainda, por um grande programa de educação profissional no Brasil, algo que não seria apenas um dever do Estado e se conectaria com as necessidades dos mercados locais. Não adianta criar um curso de mecatrônica se na região onde o estudante mora há escassez de técnicos agrícolas. Refiro-me a cursos técnicos profissionalizantes, que seriam ministrados ainda durante o ensino médio, preferencialmente com a parte teórica nas escolas e a parte prática nas empresas. No Brasil, não temos nem 10% da população com curso profissionalizante, número que chega a 40% na Alemanha, por exemplo. A verdade é que o nosso ensino médio e superior segue um modelo arcaico, que não responde às demandas do nosso tempo. Boa parte dos formandos no ensino superior brasileiro não consegue um emprego no nível de sua formação. Ao mesmo tempo, o setor privado sistematicamente reclama que não consegue preencher as vagas de profissionais com maior conhecimento técnico. Para usar uma frase de efeito, mas que resume o nosso dilema, formamos muitos advogados e poucos técnicos. O incremento do ensino profissional e técnico no ensino médio é um passo fundamental para eliminar essa distorção.

Para além de todos os desafios da educação, há as urgências imediatas que a pandemia nos legou. Milhões de estudantes de escolas públicas brasileiras praticamente passaram os últimos dois anos longe das salas de aula. Será preciso um grande esforço nacional para trazer essas crianças e esses jovens de volta aos bancos escolares.

Proteção aos vulneráveis

Já me declarei aqui um liberal na economia que preza pelo bem-estar social. No que diz respeito à proteção aos pobres, meu projeto para o Brasil está em consonância com boa parte da agenda de desenvolvimento social que a deputada

Tabata Amaral, minha grande amiga, foi desafiada a comandar pelo ex-presidente da Câmara Rodrigo Maia, lá no início de seu mandato. Esse movimento teve início em abril de 2019, durante uma reunião entre Maia e Tabata no Ministério da Economia, da qual também participei. Em meio às discussões sobre a agenda econômica, Tabata cobrou um olhar mais atento à área social, especialmente no que diz respeito a combater a desigualdade e a pobreza.

– Me apresente alguma coisa – pediu Maia a ela.

Com apoio de João Campos, Pedro Cunha Lima, Raul Henry, meu e de outros parlamentares, Tabata montou uma agenda com cinco grandes eixos: transferência de renda; educação profissional e técnica; proteção ao emprego; água e saneamento; e uma lei de responsabilidade social que funcionaria como incentivo para que as prefeituras trabalhassem bem os demais pontos da agenda – se tivessem bom desempenho, conseguiriam liberação de mais verbas. Esse "bom desempenho" seria medido por meio de um índice de pobreza multidimensional criado por nós. O programa ficou conhecido como a "agenda de desenvolvimento social" da Câmara, mas, na verdade, era muito mais do que isso: por si só, constituía um projeto da Câmara para o Brasil. Até a finalização deste livro, já tínhamos protocolado todos os projetos de lei do primeiro e do segundo eixos da agenda, ou seja, relativos à transferência de renda e à educação profissional. A agenda foi apresentada publicamente em uma coletiva de imprensa bastante concorrida, mas a pandemia brecou nossos esforços. Naquele momento, o Brasil cruzou os braços à espera de vacinas. E todos conhecemos a dimensão do desastre que se seguiu. Ainda assim, em 2021 inauguramos as comissões especiais de dois projetos, que dizem respeito à educação profissional e ao Estatuto do Aprendiz – desta última me tornei presidente. Já o eixo da transferência de renda passou a ser discutido no âmbito do Auxílio Brasil.

O país tem hoje um leque de políticas de assistência social abrigadas sob o guarda-chuva do Sistema Único de Assistência Social (Suas). Vinculado ao Ministério da Cidadania, ele organiza a assistência social no país articulando as três esferas de poder, mas é insuficiente e tem espaço para melhorias. Mesmo o Bolsa Família, o maior programa de transferência de renda que já tivemos no Brasil, poderia ter sido mais bem desenhado. No fim de 2021, foi substituído pelo Auxílio Brasil, um programa com data para acabar e desenho tosco, formulado às pressas com propósitos eleitoreiros pelo governo Bolsonaro.

Penso que a transferência de renda deveria estar atrelada a um programa que ofereça incentivos ao trabalho formal, um seguro a quem tem renda informal e um seguro-desemprego a quem está em busca de trabalho, enquanto este não se apresenta. Em relação ao trabalho formal, busquei inspiração num programa existente nos Estados Unidos, o EITC, sigla para *earned income tax credit*, ou, em tradução livre, taxa de crédito sobre a renda obtida, o maior programa de transferência direta de renda daquele país em nível federal.

Transposto para o Brasil, *grosso modo*, esse "seguro do trabalho" funcionaria assim: primeiro, a sociedade definiria o limiar de pobreza que permitiria ao cidadão acesso ao programa. Em outras palavras, ser pobre significa ter uma renda mensal de quanto? Imaginemos que o valor acordado seja de 400 reais e que esse indivíduo atualmente seja beneficiado pelo Auxílio Brasil. Eis que ele recebe uma oferta de trabalho para ganhar um pouco mais do que aufere pelo programa, mas hesita em aceitar com receio das incertezas (será que vai dar certo? Será que vou durar nesse emprego? Será que vão me pagar direito?). Nosso seguro do trabalho o incentivaria a aceitar o emprego oferecendo a ele, por exemplo, 50 centavos a mais a cada real que ganhasse. Seria possível criar um mecanismo semelhante mesmo para trabalhadores informais. Esse complemento subiria e se manteria até alcançar um platô a ser definido. Uma vez atingido esse platô, diminuiria à medida que a renda do trabalhador crescesse, ou seja, ainda que ele, por sua nova renda, perdesse o direito ao Auxílio Brasil, teria a percepção de que seus ganhos não pararam de aumentar – e a verdade é que não pararam mesmo.

Chamamos isso de "rampa de saída" do programa, mas não é algo simples de se elaborar. Penso que, paralelamente a ela, deve haver uma preparação para que o indivíduo não precise mais daquele auxílio. Refiro-me à construção de um *projeto de vida*, que consistiria em uma mentoria para as pessoas planejarem o futuro de acordo com seus sonhos e objetivos e se capacitarem para alcançar suas metas. A Base Nacional Comum Curricular (BNCC), define projeto de vida como uma das competências que se espera dos alunos da Educação Básica. Creio que uma versão disso para os projetos de transferência de renda seria valiosa para que as pessoas encontrassem seu propósito e agissem de acordo com ele.

A parte da capacitação para o alcance do projeto de vida teria duas vertentes: educação empreendedora e educação profissional. A primeira atenderia às pessoas interessadas em abrir o próprio negócio; a segunda apoiaria aqueles que buscam aprender uma profissão. Vejo a educação profissional e técnica como um pilar central da rampa de saída, uma forma de oferecer um colchão a quem precisa. E da melhor maneira possível: capacitando o indivíduo para que, por meio do esforço próprio, ele seja capaz de sair da precariedade e levar uma vida mais digna e próspera.

A meu ver, a transferência de renda estaria atrelada à construção de um projeto de vida, mas não apenas. Penso que educação ou vacinação em dia devem seguir como condicionalidades, a exemplo do que existia no Bolsa Família.

Epílogo

Tenho total consciência de que minha história na política é recente demais para grandes filosofias. Ainda assim, já posso dizer que várias vezes me peguei pensando no que tinha feito da minha vida. Na época do Novo Fundeb, em que tanto apanhei (injustamente, a meu ver) da oposição, precisei de muita força para seguir. Essa força vinha da constatação de que eu tinha contribuído de alguma maneira para melhorar a distribuição de 180 bilhões de reais para a educação brasileira – e pensamentos assim sempre me acalentavam. Claro, fui apenas o relator e muita gente trabalhou por isso, mas esse passo grande, que pode influenciar favoravelmente estudantes de mais de uma geração, teve a minha contribuição. Isso faz tudo valer a pena.

Já se foram três anos desde a minha eleição e continuo um deputado em construção. Contudo, tenho ideias muito sólidas sobre como meu país pode ser um lugar melhor para todos, e não apenas para uma minoria privilegiada. Os mecanismos que descrevi aqui entregarão um Estado que reconhece seu papel de prestador de serviços para a sociedade. Uma sociedade mais livre e próspera, capaz de produzir riqueza crescente graças ao esforço individual de cada pessoa, porém com uma rede de proteção aos vulneráveis que possa fazer deles pessoas autônomas, com dignidade e oportunidades de ser o que quiserem na vida. Acredito na arena política como o ambiente que possibilitará a realização dessa visão de Brasil. Portanto, é nela que pretendo atuar. Nesses anos no Congresso, presenciei negociações que não tinham nada de nobres nem de produtivas para o país, mas não tiraram meu ânimo nem meu entusiasmo pela vida pública. Sei quem sou, sei de onde vim e sei o que posso fazer.

Portanto, sigo.

www.historiareal.intrinseca.com.br

1ª edição	MAIO DE 2022
impressão	LIS GRÁFICA
papel de miolo	AVENA 70G/M²
papel de capa	CARTÃO SUPREMO ALTA ALVURA 250G/M²
tipografia	DANTE